I0091935

Geschichte der narrativen Filmmontage

Theoretische Grundlagen und ausgewählte Beispiele

von

Michaela S. Ast

Tectum Verlag
Marburg 2002

Die Deutsche Bibliothek - CIP-Einheitsaufnahme

Ast, Michaela S.:
Geschichte der narrativen Filmmontage.
Theoretische Grundlagen und ausgewählte Beispiele.
/ von Michaela S. Ast
- Marburg : Tectum Verlag, 2002
ISBN 3-8288-8435-0

© Tectum Verlag

Tectum Verlag
Marburg 2002

Inhalt

1. Einleitung

In dieser Magisterarbeit behandle ich die Geschichte der Montage, in deren Verlauf sich unterschiedliche Methoden der filmischen Narration entwickelten. Die essentiellen und klarsten Entwicklungsstränge lassen sich bis zum Anfang der sechziger Jahre nachweisen. Deshalb erstreckt sich die hier abgedeckte Zeitspanne von 1904 bis 1962.

Ich richte das Hauptaugenmerk bei der Auswahl meiner Beispiele auf die filmische Narration und erwähne Montagetheorien, die die Narration ablehnen oder sogar versuchen, den "reinen" Film zu schaffen, nur am Rande. Auch der Publikumserfolg der jeweiligen Auffassungen hat keinen Einfluß auf die Auswahl.

Die begleitenden Videoausschnitte dienen der Illustration der verschiedenen Montage-Richtungen. Deren sehr detaillierte Analyse ist aufgrund der Fülle von Material und der Form dieser Arbeit nicht möglich.

Zunächst gebe ich einen kurzen Überblick darüber, was Montage überhaupt ist und gehe dann auf die Ursprünge des Schnitts und der Filmmontage ein. In dieser Phase wurde im narrativen und nicht-narrativen Film bereits vieles erfunden, das sich erst später etablieren sollte.

Bei den Montageauffassungen, die anhand von Filmbeispielen illustriert werden, befindet sich das Werk von Georges Méliès in meiner Arbeit an erster Stelle, gleichzeitig hat es auch eine Sonderposition. Einerseits steht es noch vor jedem Bekenntnis für oder gegen die Montage, auf der anderen Seite weist es die Grundlagen für alle späteren Entwicklungen auf, denn es begründete seinerzeit die kohärente, filmische Narration.

Die erste geschlossene Gruppe widmet sich der Entdeckung und Etablierung der klassischen Narrationsprinzipien mit ihren Akzenten auf der Dramatik. Sie zeigt die Entwicklung der Narrationsprinzipien von den ersten Anfängen bei Edwin S. Porter, über die Etablierung bei David W. Griffith, bis hin zu deren strenger Anwendung bei Cecil B. DeMille. Diese Gruppe vertritt darüber hinaus auch das Hollywood-System und die damit eng verbundene Découpage classique, bei der der Schnitt so "unsichtbar" wie möglich sein soll.

Mit der nächsten Gruppe beschreibe ich die andere Seite der "Klassik" und illustriere sie an Beispielen. Sie ist das Gegenstück zu der zuvor dargelegten 'Verheimlichung' des Schnitts. Hier repräsentiert das Werk der Russen Sergej M. Eisenstein und Wsewolod I. Pudowkin eine Auffassung, gemäß der die Montage ausgeprägt und auffällig sei *muß*, um Auswirkungen auf den Zuschauer zu ermöglichen.

7

Dann widme ich mich der Zeit nach der "Klassik", in der man sich den realistischen Darstellungsformen zuwendet. Erich von Stroheim, Orson Welles und Luchino Visconti gehen auf ihre eigene Art mit realistischen Filmformen um. Erich von Stroheim steht für die ersten Ansätze einer realistischen Filmkunst. Orson Welles etablierte besondere Techniken, die die Montage überflüssig machten. Obwohl er mit diesen Techniken die Manipulationsmöglichkeiten, die die Montage eröffnet, ablehnt, spielt sie bei ihm eine besondere Rolle. Mit Visconti und dem italienischen Neorealismus ist der Höhepunkt des Realismus in Form und Inhalt erreicht.

Die abschließende Dreiergruppe behandelt mit Alfred Hitchcock, Michelangelo Antonioni und Jean-Luc Godard den Autorenfilm und die Nouvelle Vague. Diese drei Autoren haben unterschiedliche Auffassungen von der Bedeutung der Montage für die Narration, was sich klar an den gewählten Ausschnitten widerspiegelt. In ihrer Unterschiedlichkeit sind sie repräsentativ für die Individualität in der Filmsprache. Diese eröffnet auch einen philosophischen Zugang zur Montage, der sich vor allem bei Antonioni und Godard zeigt.

2. Einheiten der Montage und Begriffe

Zunächst ist es wichtig aufzuklären, was Montage überhaupt bedeutet. Der folgende Abschnitt widmet sich den unterschiedlichen Begriffen für den Filmschnitt und ihren Implikationen.

2.1 Einheiten der Filmmontage

Als Urform der Filmmontage kann man die filmische Darbietung der aufeinander folgenden, zusammengehörenden Einzelbilder, die einen Bewegungseindruck erzeugen, bezeichnen. Die pro Sekunde gezeigten 24 Einzelbilder werden mit Hilfe des Nachbild-Effektes vom Gehirn so verarbeitet, daß ein Bewegungseindruck entsteht. Diesen Effekt nennt man Phi-Phänomen.

Eine ohne Unterbrechung gefilmte Aufnahme wird als *Einstellung* bezeichnet, und diese stellt für die filmische Narration die kleinste Einheit dar. Seit Beginn der fünfziger Jahre wird die Einstellung auch *shot* oder *take* genannt. Die Zusammenfügung verschiedener Einstellungen bildet die nächstgrößere Einheit der Montage. Sie wird meistens als *Sequenz* bezeichnet. Hier werden inhaltlich und formal zusammenpassende Einstellungen, die in der Regel die Realzeit wiedergeben, aneinandergefügt. Selten kommen hier auch Zeitlupe oder Zeitraffer vor. Die Sequenz kann auch *Szene* genannt werden. Dabei ist, in Anlehnung an die Herkunft des Begriffs aus dem Theater, die Einheit von Ort und Zeit impliziert. Filmspezifisch ist, daß bei den Dreharbeiten diese Einheit nicht eingehalten werden muß, hinterher aber durch die Montage vermittelt werden kann. Im filmsemiotischen Bereich kommt auch der Begriff *Syntagma* vor und selten auch der des *Segments*.[1] Die nächstgrößere und zugleich größte Einheit der Montage ist folglich der *Film* selbst, da er in der Regel aus verschiedenen Sequenzen besteht, die auf unterschiedlichste Art und Weise zusammengestellt werden können.

2.2 Begriffe für die Filmmontage

Der Begriff *Schnitt* ist der deutsche Ausdruck für das Auswählen der Bilder aus dem Rohmaterial und deren anschließendes Zusammenfügen. Bei einer herkömmlichen Filmproduktion wird ein grober Rohschnitt, dann ein Feinschnitt und dann die endgültige Version (final cut) angefertigt.[2] Der Schnitt ist der letzte Produktionsschritt eines Films.[3] Es gibt nur zwei Möglichkeiten, die Bilder aneinanderzufügen. Sie können an der Übergangsstelle von Einstellung zu Einstellung mit *Doppelbelichtungen, Überblendungen* oder *Mehrfach-Bildern* übereinandergelegt oder mit *harten Schnitten* aneinandergereiht werden. Es ist ebenfalls möglich mehrere Bilder nebeneinander im Bild zu positionieren. Diese Technik wird aber bei der filmischen Narration sehr selten genutzt. Der Filmton wird entweder hart hintereinandergeschnitten oder in den meisten Fällen der *Mischung* unterzogen, bei der die verschiedenen Töne übereinandergelegt werden.[4] "Schnitt" ist ein neutraler Begriff für den dazugehörigen Prozeß. Er kommt ungefähr dem englischen Begriff *cutting* nahe, der wörtlich das Zurechtschneiden der Aufnahmen bezeichnet. Die vorausgehende Auflösung der Szene in einzelne Einstellungen wird *breakdown* genannt, was wiederum dem französischen Wort *découpage* entspricht. Der Begriff *editing* schließt alles, was zur definitiven Formgebung gehört, mit ein: Auswahl und Arrangement der Einstellungen und deren timing, also die Festlegung ihrer Dauer. Der Begriff *Montage*, der aus dem Französischen kommt, kann gleichbedeutend angewandt werden. Editing und Montage beziehen sich also im Gegensatz zum breakdown auf die Zusammenfügung der Szenen.[5] Der Akzent beim Begriff Montage liegt etwas mehr auf der ästhetischen Formung, die durch den Schnitt geschieht, als auf dessen

---

[1]vgl. Beller, Hans: Aspekte der Filmmontage. Eine Art Einführung. S. 9ff. in: Beller, Hans (Hg.): Handbuch der Filmmontage. München. 1993. S. 9 - 32
[2]vgl. Monaco, James: Film verstehen. Reinbek bei Hamburg. 1980. S. 406
[3]vgl. Beller, H.: a. a. O., S. 33f.
[4]vgl. Monaco, J.: a. a. O., S. 202
[5]vgl. Beller, H.: a. a. O., S. 33

technischer Seite.[6] Im angelsächsischen Bereich ist dieser Begriff inhaltlich durch die russische Montageauffassung der zwanziger Jahre, die in dieser Arbeit noch ausführlich behandelt wird, gefärbt.[7] Im folgenden wird der Begriff "Montage" im allgemeineren, französischen Sinne verwendet werden.

Grundsätzlich ist hier schon festzuhalten, daß die Zusammenfügung der Einstellungen diese immer in einen Sinnzusammenhang stellt. Dieser gibt ihnen eine Bedeutung, die aus den Inhalten der zusammengefügten Einstellungen erwächst. Somit entsteht eine Aussage, die weit mehr sein kann als die einfache Summe der Einstellungen.[8] Diese Bedeutung kann sich unterschiedlich ausprägen, denn sowohl Zustände der Realität als auch der Inhalt einer Erzählung und sogar intellektuelle Thesen können auf diese Weise vermittelt werden. Die nachstehenden Erläuterungen werden das belegen.

3. Geschichte der Kunst der Montage

In diesem Kapitel wird die Geschichte der narrativen Filmmontage von den Ursprüngen bis zu den sechziger Jahren verfolgt. Die wichtigsten Strömungen werden anhand von Beispielen illustriert.

3.1 Die ersten filmischen Gehversuche

Bereits in den ersten Jahren der Filmkunst entwickelten sich die Grundlagen des Filmschnitts. Die ersten Vorläufer der Schnitte waren noch ungewollt, doch bald schon fanden die ersten Einstellungswechsel planvoll statt.

3.1.1 Erste Schnitte

Die allerersten Filme bestanden aus ungeschnittenen Filmstreifen, die zu Schleifen zusammengeklebt wurden. Man konnte sie im 1893 von *Edison* erfundenen *Kinetoscope*, einem Münzfilmkasten für eine Person, betrachten. Diese Filmstreifen, auch *single-shot-scenes* genannt, zeigten in einer Einstellung eine ganze Szene. Ab 1895 wurden diese Filme, die nun nicht mehr zu Schleifen zusammengeklebt waren, einem größeren Publikum zugänglich: Die Gebrüder *Skladanowsky* projizierten sie in Berlin mit dem *Bioscope* auf eine Leinwand, in Paris taten das die Brüder *Lumière* mit dem *Cinématographen*. Die ersten, so vorgeführten Filme kamen noch ohne

---

[6]vgl. Monaco, J.: Film verstehen. a. a. O., S. 406
[7]vgl. Beller, H.: Aspekte der Filmmontage. a. a. O., S. 33f.
[8]vgl. Monaco, J.: a. a. O., S. 202f.

Schnitte aus und zeigten überwiegend nicht-inszenierte, reale Begebenheiten.[9] Aufgrund des Naturalismus dieser ersten Filme werden die Lumières auch als die 'Urväter des Dokumentarismus' [10] bezeichnet. In ihrem Film "L'Arroseur arrosé" ("Der begossene Rasensprenger", 1895)[11] war aber bereits ein erstes narratives Element zu finden.[12]

Vorläufer der Schnitte entstanden zuerst durch Zufall innerhalb der Kamera, ohne den Filmstreifen wirklich zu schneiden. *Georges Méliès* entdeckte diesen sogenannten *Stopptrick* im Jahre 1896, als sich der Film in der Kamera verfing. Als er dann weiterlief, hatte sich das Geschehen vor der Kamera verändert. Auf dem Filmstreifen waren deshalb sprunghaft die zuvor aufgenommenen Personen und Objekte verschwunden oder durch andere ersetzt.[13] Ein solches Springen des Bildinhaltes bei gleicher Kameraposition wird auch als *jump cut* bezeichnet.

Der Stopptrick wurde in den frühen Jahren der Filmgeschichte auch schon benutzt, um langweilige Passagen eines Geschehens aus einer Einstellung schon in der Kamera "herauszuschneiden".[14] Diese Einstellungswechsel ohne wirklichen Schnitt fanden auch noch zwischen 1897 und 1900 statt, als Kameramänner die Kamera anhielten und verschiedene Kamerastandpunkte wählten, um aktuelle Ereignisse einfangen zu können (z. B. "Queen Victoria's Diamond Jubilee", 1897).[15] Durch einen ähnlichen Zwischenfall mit der Kamera entdeckte Méliès im Jahre 1898 auch die *Doppelbelichtung*.[16]

Zu dieser Zeit nahm man an, daß die zum Leben erweckten Schnappschüsse nicht mehr weiterzuentwickeln wären.[17] Keiner konnte abschätzen, welche Entwicklung der Film, vor allem durch die Montage, im 20. Jahrhundert haben sollte.

3.1.2 Erste, planvolle Einstellungswechsel zur Verknüpfung der Szenen

Die Hälfte der bis 1906 gedrehten, noch existierenden Filme besteht aus nur einer Szene mit einer Einstellung. Ab 1903 ging ein deutlicher Trend bei

---

[9]vgl. Beller, H.: Aspekte der Filmmontage. a. a. O., S. 12
[10]vgl. Gregor, Ulrich; Patalas, Enno: Geschichte des Films. Gütersloh. 1962. S. 15ff.
[11]In der gesamten Arbeit gebe ich Filmtitel bei ihrem ersten Erscheinen mit dem Originaltitel, dem deutschen Titel und der Jahresangabe an, wenn diese bekannt sind. Bei folgenden Nennungen benutze ich nur noch den Originaltitel.
[12]vgl. Reisz, Karel; Millar, Gavin: Geschichte und Technik der Filmmontage. Filmlandpresse. München. 1988. S. 14
[13]vgl. Beller, H.: a. a. O, S. 13
[14]vgl. Bottomore, Stephen: Shots In The Dark. The Real Origins Of Film Editing. in: Sight & Sound - International Film Quarterly. Volume 57. No 3. Summer 1988. S. 202
[15]vgl. Beller, H.: a. a. O., S. 13
[16]vgl. Gregor, U.; Patalas, E.: a. a. O., S. 16
[17]vgl. Robinson, David: Georges Méliès. Father of Film Fantasy. London. 1993. S. 22

11

der Filmproduktion zu *multiple-scene films*.[18] Sie bestehen aus mehreren single-shot scenes und wurden oft durch Überblendungen oder runde, bewegliche *Irisblenden* zusammengefügt, um eine Geschichte zu erzählen.[19] Diese Filme standen aber noch sehr in der Tradition des Theaters, denn die aus einzelnen Einstellungen bestehenden Episoden waren den Akten eines Theaterstücks sehr ähnlich.[20] In der Regel wurden die Szenen inhaltlich und formal nur durch ein zentrales Motiv, das in jeder Szene zu finden ist, verknüpft.[21] Das Problem eines richtigen *Anschlusses* der Bewegungsrichtungen entstand noch nicht, weil die Schauspieler, die das eine Bild verlassen hatten, sich bereits im nächsten befanden. Sie mußten also nicht mehr aus einer Richtung, die zur vorherigen passen oder entgegengesetzt sein konnte, in das Bild eintreten.[22] Die Kamera drang nicht in den Raum vor, sondern blieb in der unbewegten Position eines beobachtenden Theaterbesuchers.[23] Innerhalb dieses *'Guckkastens'* [24], der ausschließlich in Totalen abgebildet wurde, gab es keine Annäherungen an einzelne Bildaspekte oder Personen.[25]

Somit wurde die Aufmerksamkeit des Zuschauers nicht auf Einzelheiten gelenkt.

Erst später entwickelten sich Regeln für die Verknüpfung von Szenen und für deren Aufteilung in mehrere Einstellungen (Szenen-*Auflösung*).

Die Szenen konnten, außer durch harte Schnitte oder Überblendungen, auch mit Hilfe anderer Verfahren aneinandergereiht werden. Sehr selten sind in den ersten Jahren der Kinematographie *Wischblenden*, bei denen ein Bild das andere "wegzuwischen" scheint (z. B. "Mary Jane's Mishap", *G. A. Smith* , 1903). Auch *Abblenden* ins Schwarze und *Aufblenden* aus dem Schwarzen kommen selten vor (z. B. "La vie du Christ", *Jasset / Hatot*, 1906). Absichtliche *Unschärfen* wurden vereinzelt genutzt, um den Beginn oder das Ende eines Traums anzudeuten ("Let Me Dream Again", Smith, 1900).[26]

Eine besondere Form der Verknüpfung von Szenen ist die *Parallelmontage*, die auch *cross-cutting* genannt wird. Sie ermöglicht das abwechselnde Betrachten verschiedener Geschehnisse an verschiedenen Orten

---

[18]vgl. Salt, Barry: Film Form 1900 - 1906. In: Sight and Sound. Summer 1978. S. 149f.
[19]vgl. Beller, H.: Aspekte der Filmmontage. a. a. O., S. 13
[20]vgl. Dadek, Walter: Das Filmmedium. Zur Begründung einer allgemeinen Filmtheorie. München. 1968. S. 207
[21]vgl. Reisz, K., Millar, G.: Geschichte und Technik der Filmmontage. a. a. O., S. 14
[22]vgl. Salt, B.: a. a. O., S. 150
[23]vgl. Dadek, W.: a. a. O., S. 207f.
[24]vgl. Furler, Andreas; Ruggle, Walter; Vogler, Roland (Hg.): Kinozeit. 100 Jahre in 50 Filmen. Zürich. 1996. S. 10
[25]ebd., S. 11
[26]vgl. Salt, B.: a. a. O., S. 151

und ist ein Verdienst des narrativen Films.[27] Die Parallelmontage sollte ebenfalls später zum Standard der filmischen Narration gehören. Sie findet sich bereits in einem frühen Stadium in "Rescued in Mid-Air" (*Melbourne-Cooper* , ca. 1906) und voll ausgeprägt in "The Hundred-To-One Shot" (*Vitagraph*, 1906) bei der Darstellung eines Rennens und den Ereignissen am Ziel.[28]

Nebenbei entwickelten sich in dieser Zeit auch filmische Darstellungsweisen, die später nicht mehr aufgegriffen wurden. Mit Smiths "Santa Claus" (1898) liegt ein sehr frühes Beispiel der Darstellung zweier parallel ablaufender Handlungen vor. Die Einstellung mit dem einen Teil der Handlung wurde in einem kreisförmigen Ausschnitt in die Einstellung mit der parallelen Handlung eingesetzt.[29]

Ebenso wurde auch der Traum des Feuerwehrmannes in Edwin S. Porters "The Life of an American Fireman" (1903) dargestellt. Bei *Ferdinand Zeccas* "Histoire d'un crime" hat man sogar einen Vorhang gelüftet, um dahinter Schauspieler eine Traumhandlung spielen zu lassen.[30]

Später in der Filmgeschichte sollte man darauf zurückkommen, mehrere wichtige Dinge gleichzeitig in einer Einstellung unterzubringen. Es eröffnet dem Regisseur die Möglichkeit, den Zuschauer aktiver als üblich in das Filmerleben einzubinden.

3.1.3 Die ersten Einstellungswechsel innerhalb von Szenen

Schnitte innerhalb von Szenen traten früh in der Filmgeschichte auf. Sie sind die Grundlagen für die klassische Narration.

In *Bamforths* Film "Ladies Skirts Nailed to a Fence" (1900) findet sich der erste Schnitt in einer Szene, indem die Kamera nacheinander zeigt, was auf der einen und auf der anderen Seite eines Zaunes passiert. Überdies handelt es sich hier um eine frühe Form des *Schuß-Gegenschuß-Prinzips,* obwohl hier nicht zwei einander zugewandte Personen dargestellt werden, so wie es beim Schuß-Gegenschuß-Prinzip später üblich werden wird. In "Life Rescue At

Long Branch" (1901) von der Edison Company wurden die Teile einer Szene schon durch eine Blende verbunden.

Bereits zu Beginn des Jahrhunderts lassen sich vereinzelt *point-of-view-Einstellungen* nachweisen, die das zeigen, was eine dargestellte Person sieht.

---

[27]vgl. Bottomore, S.: Shots In The Dark. a. a. O., S. 204
[28]vgl. Salt, B.: Film Form 1900 - 1906. a. a. O., S. 151
[29]ebd., S. 149
[30]ebd., S. 152

Sie wurden in Szenen hineingeschnitten, wie z. B. in Smiths "Grandma's Reading Glass" (1900), "Scenes on every Floor" (1902) und "As Seen through a Telescope" (1900). Diese Filme weisen allerdings nur wenig Narration auf.

Ab 1903 zeichnet sich eine kontinuierlichere Entwicklung zur Anwendung des *cut-in* ab. Dabei wird eine Nahaufnahme, die sich der Handlung vom ursprünglichen Kamerastandpunkt aus nähert, eingeschnitten. Auch dieses typisch filmische Kompositionsmittel würde später zum absoluten Standard werden. Teilweise wurden die cut-ins unbewußt mit einer Veränderung des Kamerawinkels kombiniert, z. B. in "Caught in the Undertow" (1902, *Biograph Company*). Man kann sie nochmals unterteilen in eine Nahaufnahme des Gesichts (*Close-up*) oder eines anderen Körperteils des Schauspielers oder Details der Handlung (*Insert*). Auf diese Weise erschloß sich eine Möglichkeit der genaueren Erzählung.[31]

Eine weitere Möglichkeit, die die Montage für die Gestaltung einzelner Szenen eröffnete, ist der Trickeffekt. Der Stopptrick ermöglichte das Hinzufügen oder Wegnehmen von Requisiten, wie z. B. in "Explosion of a Motor Car" (*Hepworth*, 1900). Überblendungen waren auch ein beliebtes Mittel, um Dinge "aus dem Nichts heraus" erscheinen zu lassen. Die Produktion von *Animationen*, die Einzelbild für Einzelbild festgehalten wurden, war zu Beginn des Jahrhunderts recht ausgeprägt. Einen Film rückwärts laufen zu lassen, war, wegen des großen Aufwandes, ein seltener Trickeffekt (z. B. "The Bathers", Hepworth, 1900).[32]

Die frühen Filmgeschichten waren entweder von ihren Machern erdacht oder von Vorlagen adaptiert worden. Die erste Kategorie handelte häufig von lustigen Themen oder Verfolgungsjagden. Solche Filme wurden einfach konstruiert, da sie eine lineare Entwicklung über verschiedene Orte hinweg darstellen, ohne nochmals zum Ausgangsort zurückzukehren. *Zwischentitel* befinden sich hier nur selten zwischen den Szenen.

Die andere Kategorie Filme wurde von Bühnenstücken oder Literatur adaptiert. Zwischentitel erklären hier in der Regel jede Szene im voraus. Vor 1900 machte Méliès mit "L'Affaire Dreyfus" einen solchen Film. 1905 kombinierte Zecca in "Scenes of Convict Life" diese Filmform mit einer Jagd.

Drei frühe Filme weisen Urformen des *Kontinuitätsprinzips* auf, das später

---

[31]vgl. Salt, B.: Film Form 1900 - 1906. S. 150f.
[32]ebd., S. 152

zum Standard werden sollte. Hier bleiben die Bewegungsrichtungen der Personen von Szene zu Szene gleich, um den Eindruck zu erwecken, sie würden kontinuierlich begleitet. *J. H. Williamsons* "Stop Thief" (1901) ist die Grundlage für eine Reihe von nachfolgenden Filmen mit Jagdszenen. "Fire!" (1901) und "Daring Daylight Robbery" (1903) von der *Sheffield Photographic Company* gehören ebenfalls zu dieser Gruppe. In dem bis zu diesem Zeitpunkt kommerziell erfolgreichsten Film "Daring Daylight Robbery" wird die handelnde Person begleitet. Zuerst beobachtet sie einen Einbruch, dann alarmiert sie die Polizei und kehrt letztendlich an den Anfangsort zurück. Daraufhin entwickelt sich eine Jagd über mehrere Einstellungen hinweg.[33]

Diese Filme mußten jedoch nicht unbedingt als multiple-scene-films gezeigt werden, denn man konnte die Szenen auch einzeln vorführen.[34]

Bottomore hebt hervor, daß ein Unterschied in der Entwicklung von narrativen und nicht-narrativen, dokumentarischen Filmen besteht. Die nicht-narrativen waren den narrativen, im Studio gedrehten, bei den ersten Schnitten innerhalb einer Szene und im Wechsel von Kamerastandpunkten, voraus. Die ersten Inserts, die zur Verbindung von Handlungen eingeschoben wurden, und der erste *cutaway*, ein von der Haupthandlung abschweifender Blick, gingen ebenfalls auf das Konto der nicht-narrativen Filme.[35]

Trotz der Pionierleistungen der zuvor genannten Regisseure wird das Verdienst um die Parallelmontage und die Unterteilung von Szenen üblicherweise *Edwin S. Porter* und vor allem *David W. Griffith*, der die beschriebenen Techniken ausreifen ließ, zugeschrieben.[36] Ihr Werk wird im Kapitel 3.3 ausführlich behandelt.

3.2 Méliès' Filme in der Tradition des Theaters
Georges Méliès' Filme sind in ihrer Form typisch für die Filme aus den Anfängen dieses Jahrhunderts. Ihre Form repräsentiert die 'Vorgeschichte der neuen Kunst der Kinematographie.'[37] Überdies reicherte er seine multiple-scene-films mit Tricktechniken an, deren Entwicklung er intensiv vorantrieb.

3.2.1 Die Filmform bei Méliès
Méliès selbst sah seine Filme als Gegenpol zum Naturalismus der Filme der Brüder Lumière und bezeichnete sie bewußt als "reproduzierte

---

[33]vgl. Salt, B.: Film Form 1900 - 1906. a. a. O. S. 149f.
[34]vgl. Bottomore, S.: Shots In The Dark. a. a. O., S. 202
[35]ebd., 202ff.
[36]vgl. Dadek, W.: Das Filmmedium. a. a . O., S. 210
[37]ebd., S. 207

Theaterstücke"[38].

Méliès Filme zeigen die Handlung in den typischen Guckkästen. Er organisierte die Kameraführung und mise-en-scene in der Tradition von Theaterstücken. Hier ist die Einheit von Zeit, Ort und Handlung in einer Szene immer gegeben, denn nach Méliès Meinung verlangte die Einheit des Ortes in einer Szene auch einen einheitlichen Blickpunkt der Kamera.[39] Natürlich konnten durch den 'ultra-konservativen'[40] Einsatz der Kamera, die nur Totalen zeigte, keine Emotionen vermittelt werden. Die stereotypen Figuren bekamen keine psychologisch konstruierten Züge, sondern wurden satirisch überzeichnet.[41]

Méliès wird oft als relativ 'irrelevanter Mechaniker'[42], der sich viele Trickaufnahmen ausgedacht hat, abgetan. Das liegt vor allem daran, daß es innerhalb seines Werkes kaum Entwicklungen bei der Kameraführung oder Montage gab. Im großen und ganzen beschränkte es sich auf die Verbindung von single-shot-scenes.[43] Für die Geschichte des Kinos und auch der Montage ist jedoch wichtig, daß diese Szenen die ersten ausgeprägten Inszenierungen, auch durch Graphiken und Tricks, beinhalten ("vues composées"[44]). Außerdem setzte er den Stopptrick und die Doppelbelichtung, die als sein Verdienst gelten, für zahlreiche Effekte in seinen Filmen ein. Es sind also nur die Montage*tricks*, die die Szene beleben. Die Montage wurde innerhalb von einer Szene nie zu Narrationszwecken angewandt.[45]

Bei den Übergängen von einer Szene zur anderen achtete Méliès auf die Einhaltung der richtigen Bewegungsrichtungen der Handlung, also die richtigen Anschlüsse, wie z. B. in "Le Voyage dans la Lune" ("Die Reise zum Mond", 1902). In diesem Film, der für die damalige Zeit mit 16 Minuten sehr lang war, tritt eine Person, die von rechts aus dem vorhergehenden Bild herausgetreten ist, immer von links in das nächste Bild und umgekehrt. Daß alle Szenen durch Überblendungen verbunden sind, spielt inhaltlich keine Rolle, denn Überblendungen hatten noch nicht die Bedeutung, verstrichene Zeit anzudeuten. Das entspricht erst seit dem Ende der zwanziger Jahre der Konvention. In Méliès frühen Filmen wurden die Überblendungen nur dann

---

[38]vgl. Gregor, U.; Patalas, E.: Geschichte des Films. a. a. O., S. 19
[39]vgl. Dadek, W.: Das Filmmedium. a. a. O., S. 207
[40]vgl. Solomon, Stanley J.: The Film Idea. New York 1972. S. 94
[41]ebd., S. 95
[42]vgl. Hammond, Paul: Marvellous Méliès. London. 1974. S. 127
[43]ebd., S. 8
[44]vgl. Robinson, David: Georges Méliès. Father of Film Fantasy. a. a. O., S. 22
[45]vgl. Hammond, P.: a. a. O., S. 127

nicht benutzt, wenn ein Zwischentitel zwischen den Szenen plaziert werden konnte. Méliès hatte Vorteile gegenüber den Filmemachern, die an Originalschauplätzen drehten. Während ihnen richtige oder falsche Anschlüsse eher nach dem Zufallsprinzip gelangen, war er im Studio nicht den Zwängen unterworfen, die durch einen Originalschauplatz entstehen. Er konnte mehr auf die richtigen Anschlüsse der Bewegungsrichtungen und die einhergehende, erzählerische Flüssigkeit achten.[46]

3.2.2 Seine Stellung in der Filmgeschichte

Dadek datiert die filmische Imitation des Theaters auf die Jahre 1902 - 1908.[47] Die erfolgreiche Phase von Méliès Filmen begann aber bereits um 1897. 1912 erschien seine Darstellungsweise dann veraltet.[48]

Georges Méliès etablierte mit seinen Filmen so gut wie keine typisch filmischen Kameraführungstendenzen oder innersequentielle Schnitte. Wichtig ist aber, daß der Trend zu längeren Filmen und zur Verknüpfung von single-shot-scenes durch ihn einsetzte.[49] Er selber hielt sich für denjenigen, der durch die enge Verknüpfung seiner Filme mit dem Theater aus dem 'Erfolg der bewegten Bilder einen Triumph machte.'[50] Gaudreault weist auf seine Vorbildfunktion hin, da seine Trick- und Montagetechniken, sein Bühnenbild und auch die kohärente Narration Einfluß auf viele nachfolgende Filmemacher hatte. Méliès stand für die Eröffnung einer neuen Perspektive für die Cineasten, die zu Beginn des Jahrhunderts die weitere Entwicklung der Kinematographie nicht abschätzen konnten.[51] Hammond sieht bei Méliès einen lebensfähigen, noch heute gültigen Zugang zur Kinematographie, denn er verstand den Film als Verbindung von Einzelteilen, die nichts miteinander zu tun haben, aber durch den Regisseur verknüpft werden. Der Zuschauer kann an seiner Ästhetik die 'Triftigkeit eines autonomen und isolierten Bildes'[52] erfahren, das von der Montage unabhängig ist. Für Hammond verflechtet sich diese Tatsache mit jeder kritischen Konzeption der Kinematographie.[53] Er erkennt in Méliès Werk bereits eine über die Narration hinausgehende, psychologisch motivierte Perspektive, da er das Kino als ein 'durch wunderbare Momente animiertes Medium' enthüllte und es mit

---

[46]vgl. Salt, B.: Film Form 1900 - 1906. a. a. O., S. 149f.
[47]vgl. Dadek, W.: Das Filmmedium. a. a. O., S. 206
[48]vgl. Gregor, U.; Patalas, E.: Geschichte des Films. a. a. O., S. 19
[49]vgl. Bottomore, Stephen: Shots In The Dark. a. a. O., S. 201
[50]vgl. Robinson, D.: Georges Méliès. Father of Film Fantasy. a. a. O., S. 22
[51]André Gaudreault in der Fernsehsendung "Méliès-Zaubereien" (Teil 2) von Jacques Mény, ausgestrahlt im Rahmen eines Themenabends auf arte am 23.12.1997 (bei 0h02min.10s).
[52]vgl. Hammond, Paul: Marvellous Méliès. a. a. O., S. 8
[53]ebd., S. 8

'offenbarenden und kathartischen Bildern'[54] bereicherte. Seine erdachten Welten waren 'wunderbare' ("marvellous"), in denen das Unmögliche die Regel ist, im Gegensatz zu den 'fantastischen', wo das Unmögliche geächtet wird.[55] Mit "Le Voyage dans la Lune" schuf er nicht nur den Vorläufer des Spielfilms, sondern begründete zugleich das Genre des Science-Fiction-Films.[56]
Trotzdem konnten in seinen Filmen auch aktuelle, politische Ereignisse verarbeitet werden, wie z. B. in "L'Affaire Dreyfus" (1899).[57]

3.2.3 Als Beispiel "Le Voyage à travers l'Impossible"

Das Thema der fantastischen Reise war bei Méliès sehr beliebt. Nach "Le Voyage dans la Lune" kehrte er 1904 mit "Voyage à travers l'Impossible" ("Die Reise durch das Unmögliche", 1904) dazu zurück. Die nachträgliche Kolorierung dieses Beispiels zeigt, neben dem dekorativen Effekt, auch die Unterstützung der Tricks, die Méliès mit diesem Verfahren anstrebte.[58]

Der vorliegende Film besteht aus 12 Sequenzen mit sehr unterschiedlicher Länge. Sie dauern von zwei Sekunden bis zwei Minuten und 19 Sekunden. Nur sechs Überblendungen verbinden verschiedene single-shot-scenes. Es wird nicht jede Szene mit einer Überblendung verbunden, so wie es bei Méliès Filmen eigentlich immer der Fall war. Das läßt sich darauf zurückführen, daß es sich bei den behandelten Szenen um einen Auszug handelt.

An diesen Szenen wird die Bedeutung einer single-shot-scene ganz klar, denn alle typischen Merkmale liegen hier vor. Der Inhalt einer ganzen Szene ist in einer Einstellung enthalten, in der sich die Kamera nicht bewegt. Kein Aspekt der Handlung wird durch einen Schnitt, eine Kamerafahrt oder eine sonstige, filmische Methode hervorgehoben. In den Szenen mit Personen hat die Kamera einen festen Standplatz in einer bestimmten Entfernung von der Guckkasten-Bühne. Die Größe der Personen verändert sich nur, wenn sie sich auf die Kamera zu oder von ihr weg bewegen.

In diesem Ausschnitt finden sich auch einige von Méliès Trickverfahren. In mehreren Szenen ermöglichen Überblendungen die Veränderung des

---

[54]vgl. Hammond, Paul: Marvellous Méliès. a. a. O., S. 9
[55]vgl. ebd., S. 9
[56]vgl. Die Chronik des Films. Chronik Verlag im Bertelsmann-Lexikon Verlag GmbH. Augsburg / Gütersloh / München. 1996. S. 16
[57]vgl. Gregor, U.; Patalas, E.: Geschichte des Films. a. a. O., S. 19
[58]vgl. Hammond, P.: a. a. O., S. 48

Bildinhalts für Méliès 'wunderbare' Zwecke. In Einstellung Nr. 4[59] löst ein echtes Gesicht mit aussagekräftiger Mimik das künstliche Gesicht der Sonne, das den Zug "frißt" und Feuer spuckt, mehrfach durch harte Schnitte ab. In Einstellung Nr. 7 wird eine Überblendung genutzt, um zu simulieren, wie die Personen aus ihrer Vereisung auftauen. In Nr. 11 fällt die Rakete mit Hilfe einer Doppelbelichtung über die Länge der gesamten Einstellung ins Meer. Für Nr. 4 ist sogar eine Kamerabewegung genutzt worden, um das Hervortreten der Sonne zu verdeutlichen. Doch genau wie bei den Überblendungen bleibt auch diese Technik den Tricks vorbehalten.

Neben dem Einsatz von Modellen (z. B. in Nr. 5) befinden sich hier auch Szenen, die nur aus gemalten Trickaufnahmen bestehen (Nr. 3).

Die Bewegungsrichtungen der Personen von Szene zu Szene sind kontinuierlich. In Nr. 6 gehen die Personen nach links aus dem Bild und treten in Nr. 7 von rechts ein, um zu zeigen, daß sie sich auf der Sonne ein ganzes Stück weiter nach links begeben haben. Ebenso verhält es sich bei der Bewegungsrichtung im nächsten und übernächsten Szenenübergang. Hier wird jeweils die Bewegungsrichtung von links nach rechts eingehalten.

Die Szenen am Ende des Film verfolgen, genau wie bei "Le Voyage dans La Lune", den Fall der Rakete ins Meer in drei Einstellungen (Nr. 9 - 11). Der Abflug, der Fall und das Eintreffen im Wasser, also Anfang, Mitte und Ende einer Handlung werden dargestellt. Es handelt sich zwar in jeder Einstellung um eine andere Umgebung, also ein anderes Szenenbild, aber dennoch wird eine durchgehende Handlung verfolgt. Hier kann man ein erstes leichtes Aufbrechen des starren Schemas der vorangegangenen Einstellungen erkennen. In Szenen mit Personen ist das aber noch nicht der Fall, denn ein Einstellungswechsel bedeutet immer zugleich auch eine neue Szene.

3.3 Der Weg zur Hollywood-Klassik: die Entdeckung dramaturgischer Grundprinzipien

Die Erfindung der typischen, filmischen Narration, die mit dem Theater nichts mehr gemein hat, wird im allgemeinen den Amerikanern zugeschrieben. Bis auf wenige Ausnahmen sind die Filmhistoriker darüber einer Meinung.[60] Im Gegensatz zu Méliès Hinwendung zum Wunderbaren, bemühten sich die amerikanischen Filmemacher um eine realistischere Darstellungsweise.[61] Die hervorstechenden Namen bezüglich der Erfindung der klassischen Hollywood-Montage, sind David Wark Griffith und Edwin Stratton Porter.

---

[59]Die genannten Nummern der Einstellungen in allem Kapiteln über die gewählten Filmbeispiele beziehen sich auf die Szenenprotokolle im Anhang.
[60]vgl. Dadek, W.: Das Filmmedium. a. a. O., S. 208
[61]vgl. Gregor, U.; Patalas, E.: Geschichte des Films. a. a. O., S. 30

Die Filmhistoriker sind sich nicht ganz einig, welchem der beiden das größere Verdienst zukommt, jedoch wird meist Griffith genannt. Auf der Grundlage, die diese beiden geschaffen haben, baut sich die klassische Filmdramaturgie auf.[62]

Die typisch filmische Komposition befreite die Szene von der Einheit des Raums und der Zeit, die bei der ungeschnittenen Darstellung einer Szene in der Guckkastenbühne immer gegeben war. Des weiteren wurde die Gliederung in Akte unüblich. Die Filme gingen somit über die Aneinanderreihung von single-shot-scenes hinaus.

3.3.1 Edwin S. Porter

Edwin S. Porter gilt als der wichtigste Filmemacher bis 1908, das Jahr, in dem D. W. Griffith begann, Filme zu machen.[63] Er schuf die Grundlage für die Entwicklung einer spezifisch filmischen Narration, denn er erzählte Geschichten mit einer Struktur, die sich deutlich von der Narration in der Theatertradition abgrenzte. Dieser Errungenschaften soll sich Porter aber gar nicht bewußt gewesen sein.[64]

3.3.1.1 Die Erfindung der Parallelmontage

Mit seinen im folgenden beschriebenen Filmen entwickelte Porter eine grundlegende Schnittechnik, die den Film endgültig vom Theater abgrenzte. Seine *Parallelmontage* (auch *Wechselschnitt, cross-cut, switch-back, inter-cutting*[65]) legte den Grundstein für den bis heute gültigen Standard der Darstellung parallel ablaufender Handlungen an verschiedenen Schauplätzen, bis sie zum Schluß kulminieren und die Spannung sich auflöst.

Porters Verdienst für die Kinematographie war es zu zeigen, daß durch die Montage im allgemeinen und die Parallelmontage im besonderen aus Zeit und Raum ausgewählt werden kann. Dadurch machte er es möglich, spezifisch filmisch zu erzählen.[66]

In "The Life of an American Fireman" (1903) schnitt er vorhandenes Dokumentarmaterial mit Bildern, die im Studio gedreht wurden, abwechselnd zusammen.[67] Er erzählt hier die Geschichte eines Feuerwehrmannes, der eine von Flammen eingeschlossene Frau und ihr Kind rettet. Die Handlungsorte

---

[62]vgl. Dadek, W.: Das Filmmedium. a. a. O., S. 207ff.
[63]vgl. Solomon, S. J.: The Film Idea. a. a. O., S. 100
[64]vgl. Furler, A.; Ruggle, W.; Vogler, R. (Hg.): Kinozeit. 100 Jahre in 50 Filmen. a. a. O., S.13
[65]vgl. Dadek, W.: a. a. O., S. 211
[66]vgl. Solomon, S. J.: a. a. O., S. 107
[67]vgl. Reisz, K., Millar, G.: Geschichte und Technik der Filmmontage. a. a. O., S. 14ff.

werden nicht in einzelne Akte eingeschlossen, denn die Kamera kehrt in den verschiedenen Szenen immer wieder dorthin zurück. Die Handlung wird in ihrer Kontinuität wiedergegeben. Außerdem wird die Aufmerksamkeit des Zuschauers auf den jeweils wichtigeren Teil der Handlung gelenkt.

Allerdings wird der jeweilige Schauplatz bei Porter in einer Einstellung gezeigt. Insofern behält die einzelne Einstellung den Charakter einer Szene. Es ist hervorzuheben, daß die Parallelmontage zwischen den Einstellungen einen verbindenden Charakter hat, da die Geschehnisse in den Einstellungen voneinander abhängen und am Schluß sogar zusammentreffen. Bisher war der Schnitt in den Filmen in der Tradition des Theaters nur als Trennung zwischen den Szenen zu verstehen.[68]

In diesem Zusammenhang ist es wichtig zu erwähnen, daß die Parallelität der Handlungen nicht durch Zwischentitel erklärt wird.[69] Die Filmbilder erzählen alleine die Geschichte, ohne durch Texte unterstützt zu werden.

Wie sich bei Griffith und Eisenstein zeigen wird, kann die Technik der Parallelmontage auch bei nicht-simultanen Geschehen oder als Kontrastmontage angewandt werden.[70]

Solomon weist darauf hin, daß die Bedeutung der Erfindung der Parallelmontage für den Film oft überschätzt wird. Ihre Bedeutung als allgemeines Prinzip für jede Form der Narration sei größer als ihre Bedeutung für Filmerzählungen. Porter widerspricht durch seine neue Erzählstruktur den Prinzipien des Bühnendramas des 19. Jahrhunderts. Dies verdeutlicht seine Innovationskraft für die allgemeinen Narrationsprinzipien und für die Filmmontage.[71]

3.3.1.2 Als Beispiel "The Great Train Robbery"

In Porters "The Great Train Robbery" ("Der große Eisenbahnraub", unterschiedlich datiert auf 1902, 1903 oder 1905[72]) befindet sich ein weiteres Beispiel für eine Parallelmontage und die Auswahl aus Raum und Zeit.

Porter, der 1902 bei der Edison Company, dem amerikanischen Verkäufer der "Daring Daylight Robbery" arbeitete, bekam aller Wahrscheinlichkeit nach diesen Film zu sehen und verbesserte sein Prinzip in "The Great Train Robbery". Dieser Film basiert aber möglicherweise auch auf einem

---

[68]vgl. Gregor, U.; Patalas, E.: Geschichte des Films., a. a. O., S. 31
[69]vgl. Solomon, S. J.: The Film Idea. a. a. O., S. 104
[70]Auf die verschiedenen Auslegungen des Begriffs Parallelmontage werde ich im Kapitel Nr. 3.3.2.5 Zum Begriff "Parallelmontage" noch näher eingehen.
[71]vgl. Solomon, S. J.: a. a. O., S. 104f.
[72]vgl. Dadek, W.: Das Filmmedium. a. a. O., S. 208

Theaterstück.[73]

Die erste Einstellung ist nach dem Prinzip der Guckkasten-Bühne aufgebaut. Ein Unterschied zu Méliès zeigt sich aber in der Nutzung eines Trickeffekts. Porter erweckt hier die Illusion eines hinter dem Fenster zum Stehen kommenden Zuges durch einen beweglichen Hintergrund. Er will hier also durch einen technischen Trickeffekt, der nicht bemerkt werden soll, den Eindruck der Authentizität erzeugen. Méliès hingegen wollte die Möglichkeiten der Technik mit seinen Tricks offenbar machen. In der zweiten Einstellung, die einen sehr geringen Kameraschwenk aufweist, liegt die Betonung auf der mise-en-scene, da hier vertikale Strukturen mit horizontalen Bewegungsrichtungen kontrastiert werden.[74] Die Bewegungsrichtung des Zuges von links nach rechts aus Einstellung Nr. 1 wird in Nr. 2 wieder aufgenommen. Daran zeigt sich, wie Porter die Kontinuität der Bewegung aufrecht erhält.[75] Das Guckkasten-Prinzip wird hier und in den anderen Außenaufnahmen aufgebrochen, da die drei sichtbaren Wände hinten und an den Seiten nicht mehr vorhanden sind.
Die dritte Einstellung verfährt wieder ausschließlich nach dem Guckkasten-Prinzip. In Nr. 4 befindet sich die Kamera auf dem fahrenden Zug. Hier liegt also eine erste, dramaturgisch begründete Kamerabewegung vor, da die Kamera auf den fahrenden Zug gestellt wird und sich wie die Räuber mit dem Zug bewegt.[76] Indem er vom Prinzip der Guckkasten-Bühne abweicht und die Kamera sich im Raum bewegen läßt, startet Porter die Entwicklung zum Aufbau eines spezifisch filmischen Raumes im Gegensatz zum abgefilmten Theaterraum. Durch die Kamerabewegung wird dieser Raum sogar dynamisch gestaltet. Man kann also von einer "Dynamisierung" des Raumes sprechen. Außerdem hat Porter auch in dieser Einstellung einen Trick angewandt. Der Heizer konnte durch die Anwendung eines jump cuts mit einer Puppe vertauscht werden, die dann vom Zug geworfen wird.
In der fünften Einstellung zeigt die Kamera ansatzweise die Blickrichtungen der handelnden Personen, die jetzt nur noch mit der Lok weiterfahren. Die sechste Einstellung zeigt den Raub an den Passagieren. Ein Mann wird niedergeschossen, als er versucht zu fliehen. In der Zeit nach Porter würde man ähnliche Szenen anders aufbauen, um die Dramatik zu steigern. Der hier schlecht erkennbare Mann würde durch eine nähere Einstellung

---

[73]vgl. Salt, B.: Film Form 1900 - 1906. a. a. O., S. 149f.
[74]vgl. Solomon, S. J.: The Film Idea. a. a. O., S. 102
[75]vgl. Furler, A.; Ruggle, W.; Vogler, R. (Hg.): Kinozeit. 100 Jahre in 50 Filmen. a. a. O., S.13
[76]vgl. Solomon, S. J.: a. a.O., S. 101f.

hervorgehoben.[77] In der siebten Einstellung beenden die Räuber den Raub und fahren davon. Die achte Einstellung wird von einem deutlichen Kameraschwenk von rechts nach links geprägt. Trotz des Schwenks in Einstellung Nr. 2 wird dieser von einigen Historikern als der erste Schwenk in einem amerikanischen, narrativen Film bezeichnet. Der Schwenk wird in der nächsten Einstellung (Nr. 9) weitergeführt.

In Nr. 10 wird die Darstellung eines simultanen Geschehens durch die Parallelmontage am deutlichsten. Die Darstellung "springt" von den flüchtenden Räubern (Nr. 9) zum niedergeschlagenen Angestellten, der wieder aufwacht (Nr. 10). Er muß während der Geschehnisse, die in Nr. 2 bis 9 dargestellt werden, erwacht sein.[78]

Das Tanzvergnügen in Nr. 11 muß ebenfalls größtenteils gleichzeitig mit den Geschehnissen in Nr. 10 stattgefunden haben, da der Angestellte erst nach einer gewissen Zeit zu den Tanzenden kommt. Die beiden Handlungen des Aufwachens und des Tanzens laufen parallel ab, bis sie durch das Erscheinen des Angestellten bei den Tänzern zusammengeführt werden. Folglich stellt Porter mit dem Raub, dem Erwachen und dem Tanz drei parallel ablaufende Handlungen nacheinander dar.

Zum Schluß werden die Räuber gejagt und erschossen (Nr. 12, 13). Solomon weist darauf hin, daß sich das Geschehen auf die Kamera zubewegt, was eine größere emotionale Einbindung des Zuschauers ermöglicht.[79]

Eine weitere Neuerung Porters ist die symbolische Nah-Einstellung, die vom Film-Vorführer am Anfang oder am Ende des Films plaziert werden konnte. Sie zeigt einen Cowboy, der mit einer Pistole auf die Kamera deutet. Ihr Zweck ist die Andeutung des Themas oder Genres des Films. Diese Art des Vor- oder Nachspanns war noch mindestens bis 1908 und auch in den frühen Filmen Griffiths üblich.[80]

3.3.2 Der Hollywood-Standard

Die beschriebenen Filme lieferten die Grundlagen für die bis heute gültige narrative Sprache des Kinos und das gesamte *Hollywood-System*, das den Film-Markt seit seiner Entdeckung beherrscht. Zwischen 1910 und 1920 wurden die meisten Regeln für die Form der klassischen Narration, für die die Montage essentiell ist, entworfen. Nach der Darlegung dieser Regeln, soll ein Beispiel von D. W. Griffith sie illustrieren.

---

[77]vgl. Solomon, S. J.: The Film Idea. a. a. O., a. a. O., S. 102
[78]ebd., S. 103f.
[79]ebd., S. 104
[80]vgl. Salt, B.: Film Form 1900 - 1906. a. a. O., S. 150

23

3.3.2.1 Der Spielfilm und das Starsystem

Ungefähr ab 1909 wurde die Filmproduktion arbeitsteiliger, und die Regisseure waren nicht mehr unbedingt auch Kameramänner. Die industrielle Produktion von Filmen etablierte sich in Studios, die bald "Traumfabriken" genannt wurden. Nun wurden die Filme immer länger und aus den Filmen, die auf eine Filmrolle paßten, den sogenannten "Einspulern", wurden abendfüllende "Mehrspuler"[81]: Der *Spielfilm* in seiner heutigen Form war somit ins Leben gerufen worden. So entwickelte sich neben vielen anderen auch der Beruf des Filmcutters.

1910 kam das sogenannte "Starsystem"[82] auf. Die Schauspieler wurden nun namentlich genannt, woraufhin der Zuschauer sich mehr für sie interessierte und sich eher mit ihnen identifizieren konnte. Die Kamera "sah" deshalb häufiger mit den Augen des Helden. Das unterstützte die Etablierung des point-of-view-shots. Infolgedessen wurde der regelmäßige Gebrauch der point-of-view-Einstellungen, die dem Zuschauer genau das zeigten, was der Star im Film anblickte, zum Standard.[83]

3.3.2.2 Das 180°-Prinzip

Die im folgenden beschriebenen Kompositionsprinzipien gewährleisten noch heute die Nachvollziehbarkeit der Schnitte bei der filmischen Erzählung.[84]

Das *180-Grad-Prinzip* entstand in seinen Grundzügen um 1910 und setzte sich ab 1917 endgültig durch. Es gilt bis heute als klassisches Auflösungsprinzip für Szenen, die aus mehreren Einstellungen bestehen. Hier bleibt der Zuschauer in der Regel auf einer Seite der Handlung im 180°-Bereich.

Das 180°-Prinzip

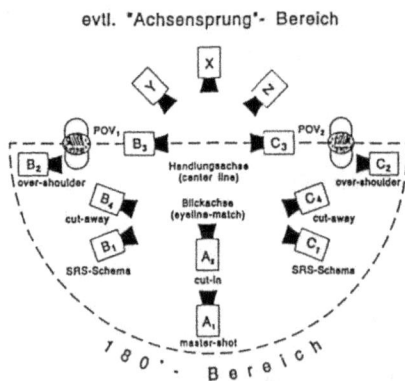

---

[81] vgl Beller, H.: Aspekte der Filmmontage a a O . S. 15
[82] ebd . S 15
[83] ebd.. S 14f
[84] Grafik und Erklärung der Begrifflichkeit in diesem Kapitel, wenn nicht anders hingewiesen, aus Beller, H Aspekte der Filmmontage a a O., S 15ff.

Die *Handlungsachse* liegt üblicherweise zwischen zwei sich zugewandten Personen. Eine Einstellung aus der Position A1 wird *master-shot* oder *cover-shot* genannt. *Establishing-shot* heißt sie, wenn sie am Anfang einer Sequenz steht. Dieser Blickpunkt plaziert den Zuschauer, ähnlich wie im Theater, außerhalb des Geschehens, so daß er einen recht objektiven Blick auf das Geschehen hat. Jeder unmotivierte Sprung über die Handlungsachse (*Achsensprung*) zur Position X,Y oder Z würde ihn verwirren.

Zu Beginn einer Szene wird ein neuer Schauplatz in der Regel immer zuerst in einer Totalen oder Halbtotalen gezeigt, um dann näher an die Dinge heranrücken zu können. Somit ist der Zuschauer über die geografischen Gegebenheiten informiert und kann die folgenden Aufnahmen von Kamerapositionen, die näher am Geschehen sind, sofort verstehen.[85] Die Regel lautet hier, sich von entfernteren Standorten zu näheren vorzutasten, indem das Besondere nach dem Allgemeinen gezeigt wird.[86]

Der master-shot ist die Einstellung, die in den meisten single-shot-scenes oder multiple-scene-films angewandt wurde.

Schneidet man von A1 nach A2 handelt es sich um einen *cut-in*, eine Annäherung an das Geschehen. Eine entgegengesetzte Entfernung vom Geschehen von A2 auf A1 wird *cut-back* genannt.

Bei B1 und C1 handelt es sich um das *Schuß/Gegenschuß-Prinzip* (SRS = *shot/reverse-shot*). Hier sehen sich in den meisten Fällen zwei miteinander sprechende Personen an und werden abwechselnd gezeigt. Man muß neben der Handlungsachse auch noch die Blickachse der beiden beachten, so daß nicht der Eindruck entsteht, sie würden aneinander vorbeischauen. Nach dem SRS-Schema werden auch Aktionen, auf die eine Gegenreaktion folgt, geschnitten. Dann kann SRS auch für shot/reaction-shot stehen.

B2 und C2 (*over-shoulder*) bestehen ebenfalls aus Schuß und Gegenschuß. Sie zeigen denjenigen, dessen Gesicht man gerade nicht sieht, angeschnitten auf einer Seite des Bildes. Diese Einstellungen gibt es erst seit Einführung des Tonfilms im Jahre 1930. Sie sind besonders nützlich, um über die Schulter des Sprechenden hinweg die Reaktion des Zuhörers zu zeigen.

In diesem Schema zeigen B3 und C3 (*point-of-view-shot*) den subjektiven Blick aus der Position einer dargestellten Person. Auch sie können sich nach dem SRS-Schema abwechseln, nachdem sie durch einen master-shot verständlich gemacht worden sind. Schaut einer der beiden weg, leitet er einen *cut-away* (B4 und C4) ein.

B 4 und C 4 ähnln X,Y und Z, da diese Kamerapositionen Räume zeigen, die durch alle anderen Einstellungen noch nicht gezeigt wurden. Der

---

[85]vgl. Reisz, K; Millar, G.: Geschichte und Technik der Filmmontage. a. a. O., S. 152f.
[86]vgl. Monaco, J.: Film verstehen. a. a. O., S. 203

Achsensprung-Bereich von X, Y und Z kann wie B 4 und C 4 nur von der Kamera genutzt werden, wenn zuvor eine Einstellung auf der Handlungsachse (B3 oder C3) diesen motiviert hat, d. h., wenn die dargestellte Person auf etwas in Richtung Zuschauer blickt. Ansonsten würde dieser verwirrt.

Neben point-of-view-shots werden die anderen Kamerapositionen noch in beobachtende, *objektive* und in die Szene stärker einbezogene, *subjektive* eingeteilt.[87]

3.3.2.3 Anschlüsse und Kontinuität

Um das 180°-Prinzip effektiv zu nutzen und den Zuschauer mit häufigen Einstellungswechseln nicht zu verwirren, wurde ab 1910 das *Kontinuitäts-Prinzip* zum Standard.[88] Das gewährleistet, daß der Zuschauer sich stets richtig im Geschehen orientieren kann. Außerdem fördert das Kontinuitäts-Prinzip die Illusion einer ununterbrochenen, kontinuierlich ablaufenden Handlung.

Durch den breakdown werden die Fragmente einer Szene nicht kontinuierlich und chronologisch, sondern zu unterschiedlichen Zeiten gedreht. Deshalb muß man sicherstellen, daß die Anschlüsse der Bewegungsrichtungen später auch zusammenpassen.[89] Es ist wichtig, daß Handlungen, wie z. B. ein Glas zu greifen und zu trinken, in durchgängigen Bewegungen abgebildet werden. Teile der Bewegung sollten nicht wiederholt oder ausgelassen werden. Um für die Eingängigkeit und Klarheit der Narration zu sorgen, ist es wichtig, verwirrende, ruckartige Veränderungen von einer Einstellung zur nächsten zu vermeiden. Grundsätzlich sollte man nur dann schneiden, wenn es sinnvoll ist, die Aufmerksamkeit des Zuschauers auf ein verändertes Bild zu lenken. In diesem Zusammenhang darf auch der Wechsel der Einstellungsgröße oder des Bildwinkels nicht zu geringfügig oder zu groß sein.[90]

Auch wenn die Realzeit verkürzt dargestellt wird, soll der Eindruck einer kontinuierlichen Handlung bestehen bleiben. Dazu dient der Zwischenschnitt (*insert, continuity-shot*). Er zeigt ein Körperteil des Schauspielers oder ein Detail der Handlung, z. B. einen Brief oder eine Zeitungsüberschrift, mitten im Ablauf der Handlung. Aus dieser kann dann unmerklich ein Stück herausgekürzt werden. Es entsteht der Eindruck, die Handlung sei nicht unterbrochen worden und wäre kontinuierlich weitergelaufen.[91] Ein kurzer Zwischenschnitt ist beispielsweise angebracht,

---

[87]vgl. Mascelli, Joseph V.: The Five C's of Cinematography. Camera Angles. Continuity. Cutting. Close-ups. Composition. Hollywood. 1965. S. 13ff.
[88]vgl. Beller, H.: Aspekte der Filmmontage. a. a. O., S. 15ff.
[89]ebd., S. 18f.
[90]vgl. Reisz, K.; Millar, G.: Geschichte und Technik der Filmmontage. a. a. O., S. 149ff.
[91]vgl. Beller, H.: Aspekte der Filmmontage. a. a. O., S. 27

wenn eine Person einen großen Raum durchqueren muß und ein großer Teil des Weges dadurch überdeckt werden kann.[92]

Auf die Einhaltung des Kontinuität-Prinzips achtete kurz nach dessen Entdeckung zunächst nur der Regisseur mit Hilfe des *continuity-script*, das ab 1911 existierte. Als die Filmproduktion immer arbeitsteiliger wurde, übertrug man diese Aufgabe ab 1917 ein bis zwei weiteren Personen ("script-girl"[93], "continuity-clerk"). Sie mußten zusätzlich noch darauf achten, daß auf jeden Fall genug überhängendes Material für die innersequentielle Auflösung der Szene gedreht wird, so daß kein fehlendes Stückchen aus der Handlung für Verwirrung sorgen kann.[94]

In der weiteren Ausbildung der klassischen Narrationsprinzipien entwickelte sich das Verfahren, durch das Tempo der Schnitte die Spannung beim Zuschauer zu steuern. Schnellere Einstellungswechsel können das Interesse des Zuschauers erregen, während langsame es üblicherweise erlahmen lassen. Allerdings hängt das Interesse für die Einstellungen immer von ihrem Bildinhalt ab.[95] Natürlich gibt es hier und bei allen anderen, beschriebenen Regeln auch Ausnahmen, die oft in der Dramaturgie begründet sind.

3.3.2.4 Die Verbindung von Szenen

Die Möglichkeiten zur Verbindung von Szenen sind der harte Schnitt oder die Überblendung. Die Überblendung dient z. B. der Einführung einer Rückblende oder sie zeigt das Vergehen eines großen Zeitraums. Sie hat nach Monacos Meinung eine ähnlich verbindende Funktion wie das Komma in einem Satz. Das Äquivalent des Punktes ist für Monaco der harte Schnitt, die Abblende ins Schwarze oder die Aufblende aus dem Schwarzen oder einer anderen Farbe.[96]

Es gibt auch einen Sonderfall bei der Verbindung von Szenen, der zugleich ein Sonderfall bei der Einhaltung des Kontinuitätsprinzips ist. Er liegt vor, wenn die Bewegungsrichtungen von Personen oder Gegenständen eingehalten werden, als wenn sie innerhalb einer Szene stattfänden, und dennoch große Sprünge in Zeit und Raum geschehen. Eine derartige Einhaltung des Kontinuitätsprinzips heißt *match-cut*.[97]

---

[92]vgl. Reisz, K.; Millar, G.: Geschichte und Technik der Filmmontage. a. a. O., S.153ff.
[93]Leider ging aus der konsultierten Literatur nicht hervor, ob es auch eine männliche Bezeichnung für diesen Beruf gibt.
[94]vgl. Beller, H.: Aspekte der Filmmontage. a. a. O., S. 19
[95]vgl. Reisz, K.; Millar, G.: a. a. O., S. 162
[96]vgl. Monaco, J.: Film verstehen. a. a. O., S. 211
[97]vgl. Beller, H.: a. a. O., S. 26

3.3.2.5 Zum Begriff "Parallelmontage"

Die Amerikaner machten die Parallelmontage zum festen Bestandteil der Filmsprache. Der Begriff ist aber nicht eindeutig definiert und läßt sich differenzierter betrachten. Deshalb sei an dieser Stelle ein kurzer Exkurs über die unterschiedlichen Begriffe eingefügt. Der Terminus "Parallelmontage" bezieht sich im Handbuch der Filmmontage allgemein auf vergleichbare Ereignisse, die nicht simultan oder chronologisch sein müssen.[98] Er gilt als eigenständig neben dem Begriff cross-cutting, bei dem simultan und chronologisch abwechselnd zwei Orte gezeigt werden.[99] Rother weist zusätzlich darauf hin, daß die simultanen und chronologischen Ereignisse beim cross-cutting zusammentreffen können. Die Parallelmontage ist für Rother der allgemeine Überbegriff für das parallele Darstellen von Handlungen, auch über Vergangenheit und Gegenwart hinweg. Zudem fallen das cross-cutting und das Alternieren von nicht simultanen, in sich abgeschlossenen Sequenzen unter diesen Begriff. Letzteres liegt beispielsweise in D. W. Griffiths "Intolerance" ("Intoleranz", 1916) vor.[100] Hier werden Handlungen aus vier Epochen gegenübergestellt, die von der Intoleranz der Menschen berichten.

Die *last-minute-rescue* (*"Rettung in letzter Minute"*[101]) zeigt die typische Ausprägung eines cross-cuttings, dessen Handlungsstränge zusammentreffen. Dabei werden abwechselnd eine bedrohte Person und die herannahenden Retter dargestellt. Dieses Verfahren ermöglicht eine große Spannung und emotionale Beteiligung des Zuschauers. Der Urheber dieses Montageverfahrens war D. W. Griffith.[102]

Die *Kontrastmontage* entspricht formal der Parallelmontage. Allerdings werden hier Bilder von Geschehnissen einander gegenübergestellt, die normalerweise nicht simultan stattfinden. Die inhaltliche Gegensätzlichkeit der Bilder, z. B. von Armen und Reichen, steht im Vordergrund. Wenn sie dennoch simultan und chronologisch ist, liegt ein Sonderfall der Kontrastmontage vor.[103] Lindgren weist darauf hin, daß das Verdienst um die Kontrastmontage Griffith zukommt, da er bereits in "Intolerance" (1916) Arm und Reich kontrastierend gegenüberstellte, um die abstrakte Idee der immer

---

[98]vgl. Peters, Jan Marie: Theorie und Praxis der Filmmontage von Griffith bis heute. in: Beller, H. (Hg.): Handbuch der Filmmontage. a. a. O., S. 33
[99]vgl. Beller, H.: Aspekte der Filmmontage. a. a. O., S. 23
[100]vgl. Rother, R. (Hg.): Sachlexikon Film. Reinbek bei Hamburg. 1997. S. 225f.
[101]vgl. Beller, H: a. a. O., S. 23
[102]vgl. Rother, R.: a. a. O., S. 186
[103]ebd., S. 177f.

28

wiederkehrenden Intoleranz auf der Welt zu vermitteln.[104]

Das Schema soll graphisch verdeutlichen, wie bei einer Parallelmontage geschnitten wird.[105]

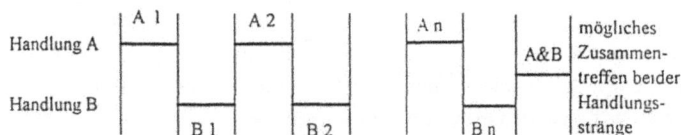

Handlung A	A 1		A 2		A n		mögliches
						A&B	Zusammen-treffen beider
Handlung B							Handlungs-
		B 1		B 2		B n	stränge

Die Abschnitte der beiden Handlungen A und B wechseln sich beliebig oft ab. Am Ende können die Handlungen zusammentreffen und sich verbinden (A & B). Bei einer Rettung in letzter Minute treffen sie auf jeden Fall zusammen. Bei einer Kontrastmontage stellen die einzelnen Stränge keine Handlungen dar, sondern sich inhaltlich widersprechende Bilder. Im folgenden wird die Bezeichnung Parallelmontage als Überbegriff für alle Montagemuster dieser Form gebraucht. Die Parallelmontage kann sich unterschiedlich vom simultanen cross-cutting bis zum Symbolischen und Kontrastierenden ausprägen.

3.3.3 David W. Griffith

David Wark Griffith wandte als erster die beschriebenen Prinzipien geballt an. Er entwickelte somit die Darstellungsweise, die noch heute Standard der filmischen Narration ist. Das Werk des 'Vaters des Hollywood-Kinos'[106] ist die Grundlage für jede weitere Entwicklung der Filmmontage. Allerdings legte Griffith, bis auf ganz wenige Ausnahmen, nie selbst seine Entwicklungen theoretisch dar. Das übernahmen andere Theoretiker, unter anderem *Wsewolod I. Pudowkin*, dessen Werk noch ausführlich behandelt werden wird.[107] Die Hauptphase von Griffiths Filmproduktion fiel ungefähr in die Jahre 1909 bis 1924. Dann paßte er sich den sich stark verändernden Bedingungen nicht mehr ausreichend an. Sein Werk geriet zunächst in Vergessenheit und wurde erst von *Sergej M. Eisenstein* wieder angemessen hervorgehoben.[108]

3.3.3.1 Die Grundlagen der filmischen Narration in Griffiths Werk

Die folgenden Grundlagen der Filmdramaturgie, die heute als klassische

---

[104]vgl. Lindgren, Ernest: The Art of Film. London. 1948. S. 87
[105]Die Bezeichnung der Handlungen von A 1 bis B n stammt aus Beller, H.: Aspekte der Filmmontage. a. a. O., S. 23
[106]vgl. Furler, A.; Ruggle, W.; Vogler, R. (Hg.): Kinozeit. 100 Jahre in 50 Filmen. a. a. O. S.15
[107]vgl. Reisz, K.; Millar, G.: Geschichte und Technik der Filmmontage. a. a. O., S. 23
[108]vgl. Dadek, W.: Das Filmmedium. a. a. O., S. 213

Prinzipien gelten, sind umfassend in Griffiths Werk vertreten:[109]

◆Zum einen wird jede Szene in verschiedene Einstellungen aufgeteilt. Charakteristisch sind hier
- häufige, rasche Einstellungswechsel,
- die räumliche Freiheit vom Guckkasten, in dem das gesamte Geschehen bisher üblicherweise spielte. Infolgedessen wurde der Zuschauer entschieden näher an das Geschehen herangebracht.
- die zeitliche Freiheit von der Dauer der realen Handlung, die nun für dramaturgische Zwecke durch die Montage verkürzt oder verlängert dargestellt werden kann.
◆Zum anderen setzt der Wechsel der Einstellungsgrößen von der Totalen bis zur effektiv genutzten Naheinstellung dramatische Akzente. In diesem Zusammenhang grenzt die Variabilität des Kamerawinkels den Film vollends vom Theater ab.

All diese Aspekte begründen die "filmische Raum-Zeit"[110], also eine Darstellung von Zeit und Raum, die nur dem Film möglich ist. Im Gegensatz zu den Prinzipien der klassischen Tragödie wird auch von den ">drei Vielheiten<: der Orte, der Zeiten und der Handlungen"[111] gesprochen.
Die Begründung der klassischen, narrativen Montage wird natürlich nicht ausschließlich Griffith zugesprochen. Auch auf praktischem und vor allem auf theoretischem Gebiet spielen die Leistungen der anderen Regisseure und Theoretiker eine wesentliche Rolle.[112]

3.3.3.2 Die Bedeutung der Montage für die klassische Filmform
Für Griffith steht die Betonung der Dramatik bei einer Erzählung an erster Stelle.[113] Die Montage und die einhergehenden Wechsel des Kamerastandortes sorgen für die Hervorhebung von Einzelheiten der Erzählung. Damit ermöglicht er die nuancierte Wiedergabe einzelner Szenen, die bei den früheren Filmen nur in einer konstanten Entfernung von der Kamera abgelaufen waren und der Zuschauer wird stärker emotional eingebunden.[114]
Griffith teilte als erster eine Szene in eine Vielzahl von Einstellungen auf und entwickelte somit die spezifisch filmische *Sequenz*. Die einzelnen

---

[109]Die folgende Zusammenstellung: vgl. Dadek, W.: Das Filmmedium. a. a. O., S. 210ff.
[110]ebd., S. 212
[111]ebd., S. 212
[112]ebd., S. 212f.
[113]vgl. Reisz, K.; Millar, G.: Geschichte und Technik der Filmmontage. a. a. O., S. 17
[114]ebd., S. 19

Einstellungen sollten möglichst klar eine Geschichte erzählen. Zu diesem Zweck baute jede Einstellung die Szene unter dem Gesichtspunkt der Gesamtaussage auf.[115] Allerdings wird die Realität durch die Fragmentierung abstrahiert:

"Der klassische Schnitt, der von Griffith kommt, löste die Realität in eine Folge von Einstellungen auf, die nur eine Folge logischer oder subjektiver Blickpunkte auf das Ereignis waren. (...) Eine solche Folge von Einstellungen, die konventionelle Analyse einer kontinuierlichen Realität sind die Merkmale der heutigen kinematographischen Sprache. Der Schnitt hat also eine deutliche Abstraktion der Realität bewirkt. Diese Abstraktion ist, da wir vollkommen an sie gewöhnt sind, als solche nicht spürbar."[116]

So beschrieb der Theoretiker André Bazin, der sich für die Authentizität und Objektivität bei der filmischen Erzählung einsetzte, die Abstraktion, die die klassische Erzählweise bewirkt. Er bezeichnet sie darüber hinaus sogar als diskontinuierlich, weil die Handlungen nicht in ihrer zeitlichen Kontinuität wiedergegeben, sondern durch die Montage fragmentiert werden.[117]

Eine weitere Innovation in Griffiths Werk ist die *Rückblende*. Sie zeigt Vergangenes oder Gedanken, die einer Person durch den Kopf gehen. Dies verdeutlicht dem Zuschauer die Motive, die die dargestellte Person zu einer Handlung veranlassen. Die Erzählung wird somit in einen größeren Zusammenhang gestellt und gewinnt folglich an inhaltlicher Tiefe.[118]

Als wichtige Frühwerke Griffiths gelten "The Lonely Villa" (1909) und "A Corner in Wheat" (1909). Er verfeinerte mit "The Lonely Villa" Porters Kompositionstechnik aus "The Great Train Robbery".[119] Hier handelt es sich um eines der ersten Beispiele für seine "Rettung in letzter Minute".
Bei "A Corner in Wheat" nutzt er die Form des cross-cutting bereits für eine symbolische, nicht-simultane Darstellung von Arm und Reich. [120] Sein Verdienst um die Filmkomposition zeigen am besten "The Birth of a Nation" ("Die Geburt einer Nation", 1915) und "Intolerance" (1916). Mit ihnen erreichte er den Zenith seines Schaffens. Die nachfolgenden Filme zeigten

[115]vgl. Solomon, S. J.: The Film Idea. a. a. O., S. 108
[116]vgl. Bazin, André: Der kinematografische Realismus und die italienische Schule der Befreiung. S. 143. in: ders.: Was ist Kino? Bausteine zu einer Theorie des Films. Köln. 1975. S. 130 - 155.
[117]vgl. Bazin, A.: Die Entwicklung der kinematografischen Sprache. S. 43. in: ders.: Was ist Kino? a. a. O., S. 28 - 44
[118]vgl. Reisz, K.; Millar, G.: Geschichte und Technik der Filmmontage. a. a. O., S. 21
[119]vgl. Dadek, W.: Das Filmmedium. a. a. O., S. 208
[120]vgl. Beller, H.: Aspekte der Filmmontage. a. a. O., S. 23

formal keine nennenswerten Entwicklungen mehr. Inhaltlich ging es in Griffiths späterer Phase hauptsächlich um die Einteilung der Charaktere in "Gut" und "Böse".[121]

3.3.3.3 Ein Beispiel aus Giffiths "The Birth of A Nation"

"The Birth of A Nation", ein Drama über den amerikanischen Bürgerkrieg, ist der finanziell erfolgreichste aller Stummfilme. Mit ihm wurde die Verbindung von Filmkunst und Kommerz ins Leben gerufen.[122]

Die Mordszene zeigt klar den Nutzen, den Griffith in der Fragmentation einer Szene gefunden hat. Hätte man hier nach den alten Prinzipien geschnitten, wäre in wenigen Einstellungen und wesentlich undramatischer die gleiche Aussage gemacht worden. Kontinuierlich werden in 62 Einstellungen von neun verschiedenen Kamerastandpunkten[123] wichtige Geschehnisse an verschiedenen Orten hervorgehoben, auf die die Aufmerksamkeit des emotional stark beteiligten Publikums gelenkt wird. Die beschriebenen Prinzipien zeigen sich an den stets nachvollziehbaren Veränderungen des Kamerawinkels. Die Bühne wird dem Blick der Personen folgend wie eine point-of-view-Einstellung gezeigt (z. B. Nr. 7 und 8). Hier wird die Regel, nur begründete Schnitte zu machen, durch die Blicke der Personen unterstützt. Die Kamera dringt in den Raum vor, indem sie oft Einstellungen aus dem Blickwinkel von Personen wiedergibt. Somit erweitert sie ihre eigenen Möglichkeiten über die objektive Beobachtung hinaus auf den point-of-view-shot. Auch die Rolle, die der Handlungsraum spielt, erweitert sich, da er unter dem Blickwinkel der Charaktere "erobert" werden kann.

Die Lenkung der Aufmerksamkeit des Zuschauers geschieht nicht nur durch den Schnitt, sondern auch durch sich öffnende (Nr. 1, 45) oder schließende (Nr. 30) Irisblenden oder unbewegte Kreisblenden (Nr. 31, 36, 38, 40, 43, 46, 47, 48). Sie übernehmen die Aufgabe der Hervorhebung, die später nahe Einstellungsgrößen übernehmen werden. Hier sind nähere Einstellungen als

---

[121]vgl. Gregor, U.; Patalas, E.: Geschichte des Films. a. a. O., S. 38

[122]vgl. Furler, A.; Ruggle,W.; Vogler, R. (Hg.): Kinozeit. 100 Jahre in 50 Filmen. a. a. O., S.15

[123]Die verschiedenen Blicke auf das Geschehen:

1.	Überblick über das Publikum von hinten (Nr. 1)
2.	Benjamin und Elsie auf ihrem Platz (Nr. 2)
3.	die Bühnentotale (Nr. 5)
4.	der Flur hinter der Bühne (Nr. 11)
5.	Lincolns Loge (Nr. 12)
6.	ein leicht veränderter Standpunkt im Flur hinter der Loge (Nr. 21)
7.	im Zuschauerraum mit Loge im Hintergrund (Nr. 24)
8.	eine Halbtotale der Bühne (Nr. 25)
9.	die Loge, in der der Leibwächter sitzt (Nr. 31)

die des Revolvers in Nr. 48 noch nicht möglich gewesen.

Auffällig ist, daß insgesamt viermal (Nr. 36, 38, 40, 43) der Attentäter Booth als *Leitmotiv* parallel zu allen sonstigen Handlungen (Elsie und Benjamin in Nr. 37, das Theaterpublikum in Nr. 39, das Bühnengeschehen in Nr. 41 und Lincoln in Nr. 42 und 44) gestellt wird. Hiermit wird die große Bedrohung durch sein Vorhaben betont und die anstehende Auswirkung seiner Tat auf alle Beteiligten hervorgehoben. Damit korrespondiert die Nah-Einstellung des Revolvers, da sie noch einmal die Mordabsichten klar vor Augen führt (Nr. 48). Nur der unaufmerksame Leibwächter wird innerhalb einer einzigen Einstellung (Nr. 46) mit Booth in Verbindung gebracht, da Booth hinter ihm die Loge verläßt.

Die Einstellungen von Nr. 35 bis 52 funktionieren nach dem Prinzip des cross-cutting, da sie zwei Haupthandlungsstränge (Lincoln und Booth) und zwei Nebenhandlungsstränge (Elsie und Benjamin, das Theaterstück) abwechselnd zeigen und am Schluß zusammenführen.

Griffith nutzt zur Steigerung der Dramatik sogar das *Suspense*-Prinzip, d. h., daß der Zuschauer dem Protagonisten in einer dramatischen Situation um eine Information voraus ist. Deshalb verspürt er das Bedürfnis, den Protagonisten zu warnen. Diese bangende Anteilnahme fördert seine emotionale Einbindung in die Szene.[124] Bevor und während Booth die Loge betritt und hinter Lincoln auftaucht, entsteht ein Suspense-Effekt. Zwar kennt der Zuschauer wahrscheinlich die historische Tatsache, daß Lincoln ermordet wurde, aber ein bangendes Mitfühlen und der Wunsch, ihn zu warnen, entsteht trotzdem. Formal liegt also der Suspense-Effekt vor. Die Tragik des Geschehens wird außerdem noch betont, da Lincoln die Bedrohung des kaltblütigen Täters schon zu spüren scheint, was sich daran äußert, daß er fröstelt (Nr. 42, 44).

Bezüglich der Dauer der Einstellungen läßt sich keine klare Aussage treffen. Eine Spannungssteigerung durch schnellere Schnitte, wie sie später gang und gäbe sein wird, läßt sich hier noch nicht nachweisen. Längere und kürzere Einstellungen verteilen sich auf die gesamte Szene. Eine leichte Spannungssteigerung wird durch die relativ lange Einstellung Nr. 49 erreicht, in der der Attentäter die Logentür zunächst nicht öffnen kann. In diesem Moment kann der Zuschauer kurzfristig die Hoffnung schöpfen, Lincoln könnte überleben.

---

[124] vgl. Salje, Gunther: Hitchcock. Regieanalyse - Regiepraxis. Röllinghausen. 1996. S. 122ff. Mehr zur Suspense-Montage in Kapitel 3.8.1.1 über "Hitchcocks Montageverfahren"

3.3.4 Der Standard der Découpage classique bei DeMille: ein Beispiel aus "The Plainsman"

Erst nach der Einführung des Tonfilms, Ende der zwanziger Jahre, wurde der Begriff *Découpage classique* für den auf Griffith zurückgehenden Filmschnitt, geprägt. Die Einführung des Tonfilms spielt in bezug auf die Montage keine größere Rolle, denn die klassische Auflösung der Szenen ist seit Griffith die gleiche geblieben.[125] Die französiche Filmkritik wählte den Begriff Découpage classique für den flüssigen Erzählstil des Hollywood-Kinos.[126] Besonders in den dreißiger und vierziger Jahren zeichnete sich dieser durch die narrative Dichte und Unauffälligkeit aus, mit der die Einstellungen "zurechtgeschnitten"[127] wurden. Es wird sogar vom *"unsichtbaren Schnitt"*[128] gesprochen. Für die *Flüssigkeit* des Schnitts wurden die alten Regeln ein wenig weiter ausgefeilt. Eine Einstellung wird nun immer nach ihrer Klimax geschnitten, d. h. nach dem Höhepunkt der in einer Einstellung dargestellten Handlung.[129]

In den dreißiger Jahren gibt es keine persönlichen Stile der Filmregie, da die Découpage classique alles beherrscht. Monaco hält die Filmgeschichte dieser Zeit für identisch mit der Geschichte Hollywoods.[130]

Der Hollywood-Regisseur *Cecil B. DeMille*, der zur Standardisierung und Perfektionierung der Découpage classique beitrug, hatte schon während der Stummfilmzeit große Erfolge mit sentimentalen Melodramen und aufwendigen Filmen.[131] Später wurde er wegen seiner Umsetzung von Massenszenen sogar "Meister des Monumentalkinos"[132] genannt, (z. B. "The Ten Commandments" / "Die zehn Gebote", 1956). Solomon spricht von traditionell aufgebauten Handlungen vor teuren Hintergründen, die seine Monumentalfilme ausmachen.[133]

Das vorliegende Beispiel aus seinem Film "The Plainsman" ("Der Held der Prairie", 1936) der dem typisch amerikanischen Western-Genre angehört, stammt aus der finanziell erfolgreichsten "goldenen Ära"[134] Hollywoods. Er

---

[125]vgl. Reisz, K.; Millar, G.: Geschichte und Technik der Filmmontage. a. a. O., S. 39. Mehr zum Tonfilm in Kapitel 3.5.
[126]vgl. Monaco, J.: Film verstehen. a. a. O., S. 389
[127]ebd., S. 202
[128]ebd., S. 203
[129]vgl. Kock, Bernhard: Michelangelo Antonionis Bilderwelt: eine phänomenologische Studie. München. 1994. S. 215
[130]vgl. Monaco, J: a. a. O., S. 266f.
[131]ebd., S. 261
[132]vgl. Chronik des Films. a. a. O., S. 285
[133]vgl. Solomon, S. J.: The Film Idea. a. a. O., S. 371
[134]vgl. Monaco, J.: Film verstehen. a. a. O., S. 215

zeigt mehrere Charakteristika der Découpage classique.

Zunächst wird die Szene durch eine Überblendung begonnen und beendet. Die Blende deutet einen Zeit- und Raumsprung an, dessen Verständlichkeit durch die jeweils vorausgehenden Dialoge gewährleistet wird. Der Zuschauer bleibt streng innerhalb des 180°-Bereichs, so daß der Handlungsraum schon fast wieder zur Guckkastenbühne wird. Ebenso klar läuft die Handlungsachse von links nach rechts durch den Raum. Bereits im establishing-shot (Nr. 1) wird der gesamte, relevante Raum vorgestellt. In den abschließenden Einstellungen (Nr. 38, 40) bricht die Kamera aus dem engen Handlungsbereich aus, nachdem durch Wills Abschied dieser Sprung gerechtfertigt wurde. Die Kamera bleibt aber innerhalb des 180°-Bereiches.

Die Windgeräusche unterstützen die Charakterisierung des Raumes im establishing-shot, indem sie den Handlungsrahmen zusätzlich zum Bild näher beschreiben. Sie unterstreichen den Eindruck der Prairie und der Abgeschiedenheit. Nachdem das erledigt ist, tauchen sie nicht mehr auf. Formal wird hier die Wahrnehmung eines unbeteiligten Beobachters nachgeahmt, da dieser sich nach der Erkundung des Handlungsrahmens nur noch auf den Inhalt der Gespräche konzentrieren würde. Etwas Unwichtiges wie das Windgeräusch gerät dann in den Hintergrund.

In der zweiten Einstellung liegt ein cut-in vor, der in Nr. 3 durch einen der Handlung folgenden cut-back abgelöst wird. Ansonsten reihen sich hier noch mehrere cut-ins (Nr. 6, 12, 32, 35) und cut-backs (Nr. 11, 14, 21, 22, 24, 27, 31, 34) aneinander, die von Schuß-Gegenschuß-Einstellungen (Nr. 12 u. 13, 15 - 17, 22 u. 23, 25 u. 26, 33 u. 34) und einem point-of-view-shot (Nr. 8) unterbrochen werden. Alle cut-ins sind dramaturgisch begründet. Sie bringen dem Zuschauer Personen näher, wenn deren Handlung hervorgehoben werden soll, wie z. B. die Umarmung in Nr. 2 oder Will mit der Gardine (Nr. 6).

Wenn eine Person sich aus dem Bildrahmen bewegt, zeigen die nachfolgenden cut-backs den Fortgang der Bewegung. Außerdem zeigen sie die Standpunkte der Personen im Raum. Z. B. löst sich Will in Nr. 3 von der Umarmung mit seiner Frau und geht weg; in Nr. 21 kommt Lu zum Gespräch der vier Personen zurück und stellt sich neben Will.

Die Schuß-Gegenschuß-Einstellungen finden in Nahaufnahmen statt, wenn die Bedeutung des Dialoges große Auswirkungen auf die Personen hat, z. B. wenn Bill Will nahelegt, mit ihm zu kommen (Nr. 15 - 17). Der overshoulder-Schuß und Gegenschuß ermöglicht es, die sprechende Person und die beiden Zuhörenden gleichzeitig und recht nah zu zeigen (Nr. 25 u. 26).

Die point-of-view-Einstellung von Will und der Gardine (Nr. 8) verdeutlicht ein komisches Element in dieser Szene. Schon vorher hatte Bill betont, daß der frisch verheiratete Will nun sicherlich zum Hausmann werde. Die Bestätigung seines Vorurteils zeigt sich jetzt für den Zuschauer aus Bills eigener Perspektive. Daß Will die Gardine in Nr. 10 schnell weglegt, unterstützt den Spott über seine plötzliche "Verweichlichung". Da der Zuschauer genau das gesehen hat, wovon Bill schon vorher überzeugt war und was sich jetzt bestätigt, braucht der Witz keine weiteren verbalen Erklärungen mehr.

Der Schwenk in Nr. 10 betont den geringen Zwischenraum zwischen Will und Bill und verdeutlicht somit, wie nah Bill, Will mit der Gardine gesehen hat. Insofern ersetzt er einen Schuß und den entsprechenden Gegenschuß durch eine dramaturgisch wirkungsvollere Variante.

Es befinden sich auch cut-aways in diesem Ausschnitt. Sie werden allerdings nicht durch Blicke von Personen auf der Handlungsachse eingeleitet. In Nr. 30 und 32 wird Janes Reaktion auf die Gespräche gezeigt. In Nr. 18 und 20 geht es um Lus Reaktion, die gerade ein Stück außerhalb des Handlungsrahmens steht. Dieser wird folglich ein wenig erweitert.

Die Kamerabewegungen bleiben im allgemeinen recht moderat. In Einstellung Nr. 5 macht ein Zurückweichen der Kamera aus einer Halbtotalen eine Raumtotale. Hiermit wird ein cut-back auf die Totale ersetzt. Die Totale wird nötig, um das Geschehen in seinen Zusammenhängen wiederzugeben, denn Jane bewegt sich in Richtung Kamera und wirft eine Flasche durch den Raum, die Will auffängt. Das Gespräch in dieser Einstellung dreht sich außerdem um den Wohnraum, in dem sich alle befinden. Ansonsten bleibt es recht allgemein, und alle Personen sind daran beteiligt. Damit erklärt sich auch die relativ lange Dauer dieser Einstellung.

Eine ähnliche Kamerabewegung befindet sich in Nr. 37. Hier fährt die Kamera an die beiden zurückgelassenen Frauen heran und zeigt somit am Ende der Einstellung deutlicher, als zu Beginn, ihre Reaktion. Die Fahrt der Kamera ist in beiden Möglichkeiten eine elegantere und weniger auffällige Möglichkeit für die Veränderung der Einstellungsgröße.

Ferner werden die Anschlüsse bei allen Bewegungen sehr exakt eingehalten. Somit gewährleistet die Glätte und Bruchlosigkeit der Montage, daß der Zuschauer alles nachvollziehen kann. Weil der Schnitt so "unsichtbar" bleibt, kann der Zuschauer sich völlig auf die Geschichte und ihre Dramatik konzentrieren.

3.4 Der zweite Abschnitt der Filmklassik: die russiche Montage-Doktrin
Die Zeit zwischen 1925 und 1935 wird auch als "zweiter Abschnitt der

Filmklassik"[135] bezeichnet, in der sich Filmfotografie und Filmschnitt weiterentwickelten und in der die Filmtheorie begründet wurde. Der erste Theoretiker des Filmschnitts, Béla Balász, spricht 1930 von der Arbeit der "produktiven Kamera", die "nicht reproduziert, sondern selber schafft" und den "Wirkungen..., die erst im Filmstreifen primär entstehen"[136]. Diese Worte beschreiben sehr treffend die im Vergleich zum Hollywood-Standard stärkere künstlerisch-kreative und expressive Ausrichtung bei der russischen "Montage-Doktrin"[137]. Der sowjetische Formalismus der zwanziger Jahre in Literatur und Film korrespondiert mit der Überzeugung der avantgardistischen Epoche, daß der Filmschnitt die eigentliche Filmkunst sei. Infolgedessen wird die Bedeutung des Inhalts des Filmbildes entschieden zurückgedrängt.[138] Als die wichtigsten, russischen Namen gelten zum einen *Lew Kuleschow* und *Wsewolod I. Pudowkin* und zum anderen *Sergej M. Eisenstein*.[139]

3.4.1 Wsewolod I. Pudowkin

Pudowkin beschrieb das Griffith'sche Verfahren der Fragmentierung einer Szene theoretisch.[140] Er sah es als die Grundlage der "konstruktiven Montage"[141], die die Wahrnehmung eines unbeteiligten Beobachters nachahmen sollte.[142] Überdies konzentrierte er sich auf die Beeinflussung des Betrachters, die durch der Montage entstehen kann.

3.4.1.1 Die Lehre Lew Kuleschows

Wsewolod I. Pudowkin war Schüler *Lew Kuleschows*, der ab 1920 an der Moskauer Filmhochschule lehrte und als erster Experimente zur Montage durchführte. Für Kuleschow und für die anderen russischen Filmemacher dieser Zeit, war der Bildinhalt der Einstellung gegenüber der Montage fast nebensächlich.[143] Er beschäftigte sich 1922 als erster mit den besonderen Möglichkeiten der Montage.[144]

Sein wohl bekanntestes Experiment kennt man als *Kuleschow-Effekt*. Hier montierte er dieselbe Einstellung des Gesichtes eines Schauspielers mit verschiedenen point-of-view-Einstellungen, z. B. einem Teller Suppe und einem Sarg, zusammen. Die Betrachter dieser Szenen meinten, im Gesicht des

---

[135]vgl. Dadek, W.: Das Filmmedium., a. a. O., S. 213
[136]ebd., S. 214
[137]ebd., S. 222
[138]ebd., S. 213f.
[139]vgl. Reisz, K.; Millar, G.: Geschichte und Technik der Filmmontage. a. a. O. S. 23
[140]ebd., S. 24f.
[141]vgl. Pudowkin, Wsewolod I.: Über die Film - Technik. Köln. 1979. S. 70
[142]ebd., S. 70f.
[143]vgl. Beller, H.: Aspekte der Filmmontage. a. a. O., S. 20
[144]vgl. Dadek, W.: a. a. O., S. 216

Schauspielers, je nach point-of-view-Einstellung, Hunger oder Trauer ablesen zu können. Mit diesem und anderen Experimenten wollte er beweisen, daß die Bedeutung einer Einstellung vom jeweiligen Kontext abhängt. Eine Veränderung der Einstellungsfolge in einer Sequenz verändert deren Bedeutung und die Bedeutung der Sequenz.[145] André Bazin führt dieses Experiment als Beweis dafür an, daß die Montage eine Vieldeutigkeit der Bilder nicht erlaubt. Sie vermag es sogar, einem vieldeutigen Gesicht eine eindeutige Aussage zu geben.[146]

3.4.1.2 Die Rolle der Montage bei Pudowkin

Die Bedeutung, die das Wort für einen Dichter hat, hat die Einstellung für einen Regisseur. Aus ihnen baut er die Szenen, die er auch als "Montage-Sätze"[147] bezeichnet, auf. Solche Episoden werden schließlich zu einem Film zusammengefügt.[148] Diese Aneinanderreihung entspricht dem literarischen Vorbild des Romans. Also zeigt die Montage die Handschrift des Regisseurs.[149] Die Idee der Handschrift wird später bei den Autoren der Nouvelle Vague wieder auftauchen.

In den zwanziger Jahren beschreibt Pudowkin die theoretischen Grundlagen, die durch Griffith geschaffen worden waren:[150]

Die Kamera ahmt den Blick eines aufmerksamen, emotional beteiligten Beobachters nach, der auf die jeweils relevanten Teile der Handlung blickt. Jede Einstellung in einer Szene muß ein gewisses Interesse für die nächste Einstellung wecken.[151] Das sogenannte Momentum soll das Interesse von einer Szene in die nächste tragen.[152] Hier wird es für den Übergang von einer Einstellung zur nächsten verlangt.

Bei der Rolle der *Nahaufnahmen* entfernen sich Pudowkins und Griffiths Ansätze voneinander. Griffith war für eine seltenere Nutzung von Nahaufnahmen, die in erster Linie der Erhöhung der Dramatik diente. Pudowkin hingegen wollte viele Details aneinanderreihen, um möglichst überzeugend erzählen zu können. Die zu zeigenden Details sollten unbedingt sinnvoll aneinandergereiht werden. Jede Einstellung muß einen neuen Gesichtspunkt einführen, um den Aufbau eines schlüssigen Erzählablaufs zu

[145]vgl. Wulff, Hans J.: Der Plan macht's. Wahrnehmungspsychologische Experimente zur Filmmontage. S.178 in: Beller, H. (Hg.): Handbuch der Filmmontage. a. a. O., S. 178 - 189.
[146]vgl. Bazin, A.: Die Entwicklung der kinematografischen Sprache. a. a. O., S. 40
[147]vgl. Pudowkin, W. I.: Über die Film - Technik.a. a. O., S. 8
[148]ebd., S. 8
[149]vgl. Dadek, W.: a. a. O., S. 220
[150]vgl. Reisz, K.; Millar, G.: Geschichte und Technik der Filmmontage. a. a. O., S. 24f.
[151]vgl. Pudowkin, W. I.: a. a. O., S. 68ff.
[152]vgl. Salje, G.: Hitchcock. Regieanalyse - Regiepraxis. a. a. O., S. 108

gewährleisten.[153] Es ist wichtig, daß die Montage die Erzählung unterstützt und nicht verändert.[154] Reisz / Millar weisen darauf hin, daß für Pudowkin die überzeugendste Erzählung am besten nur aus charakteristischen Details bestehen sollte.[155] Pudowkin selber schreibt, daß der Aufbau des Films über den Einsatz von Großaufnahmen an den Stellen, wo die Aufmerksamkeit des Zuschauers auf wichtige Einzelheiten gelenkt werden muß, erfolgt.[156] Wahrscheinlich wurde er in diesem Zusammenhang von Balász beeinflußt, der die ausgeprägte Bedeutung der Großaufnahme für die Übermittlung von Gefühlen herausstellte.[157]

Erst die Montage bringt die eigentliche Bewegung in die miteinander verbundenen, an sich leblosen Einstellungen und läßt sie durch die Positionierung in einem Kontext zu "kinematographischer Wirklichkeit"[158] werden.

Die Bilder, die zur Herstellung kinematographischer Wirklichkeit genutzt werden, müssen noch nicht einmal unbedingt direkt etwas mit der dargestellten Wirklichkeit zu tun haben. Sie können aus ganz anderen Wirklichkeitsbereichen stammen. Bei der Darstellung einer Explosion können sehr viele, kurze Einstellungen, die z. B. das Feuer eines Flammenwerfer, Magnesiumblitze usw. zeigen, aneinandergereiht werden. Die Hauptsache ist, daß der angestrebte Effekt den Zuschauer auf gewünschte Weise erreicht. [159] Bei der Explosion wäre dieser Effekt, daß der Zuschauer sich über ihr Ausmaß bewußt wird.

3.4.1.3 Einwirkung auf den Zuschauer

Die Montage ist für Pudowkin deutlich mehr als die bloße Konstruktion von Szenen. Sie ist übernimmt außerdem die "psychologische Führung des Zuschauers"[160]. Er unterscheidet die fünf wichtigsten verschiedenen Montagearten, die auf den Zuschauer einwirken können:[161]

1.   Die *Kontrastmontage* stellt Bilder aus sich widersprechenden Kontexten gegenüber. Das kann mit Einstellungen, Szenen oder über einen Film verteilten Episoden geschehen.

2.   Gemäß Pudowkins Verständnis der *Parallelmontage* liegt Simultanität

---

[153]vgl. Reisz, K.; Millar, G.: Geschichte und Technik der Filmmontage. a. a. O., S. 24f.
[154]vgl. Monaco, J.: Film verstehen. a. a. O., S. 356
[155]vgl. Reisz, K.; Millar, G.: a. a. O., S. 24
[156]vgl. Pudowkin: Über die Film - Technik. a. a. O., S. 66
[157]vgl. Monaco, J.: a. a. O., S. 361
[158]vgl. Pudowkin, W. I.: a. a. O., S. 9
[159]ebd., S. 9f.
[160]ebd., S. 76
[161]Die Arten der Montage aus Pudowkin, W. I.: a. a. O., S.76ff.

und eine inhaltliche Verknüpfung vor, ohne daß am Schluß der eine und der andere Handlungsstrang zusammentreffen. Formal ist sie der Kontrastmontage gleich.

3. Als Beispiel für den *Symbolismus* nennt Pudowkin die Niederschießungsszene aus Eisensteins Film "Statschka" ("Streik", 1923/24), in der die Niederschießung von Streikenden und die Schlachtung eines Bullen parallel montiert werden. Er hebt besonders hervor, daß hier sogar eine abstrakte Idee vermittelt werden kann.

3. Bei der *Gleichzeitigkeit* wird ebenfalls parallel montiert. Die beiden Handlungsstränge finden simultan statt und hängen inhaltlich zusammen. Sie treffen am Schluß zusammen, um die aufgebaute Spannung aufzulösen. Damit meint Pudowkin offenbar die "Griffith'sche Rettung in letzter Minute".

4. Bei der *Leitmotiv-Montage* wird immer wieder eine Einstellung eingefügt, um die Hauptaussage eines Films durch ständige Wiederholung zu verdeutlichen. In Griffiths "Intolerance" findet sich ein Beispiel für die Leitmotiv-Montage. Das Bild einer Frau, die eine Wiege schaukelt, kommt immer wieder vor, um die Wiederholung der Historie sinnbildlich darzustellen. Innerhalb der ansonsten sehr konkreten Aussage des Films konnte dieses abstrakte Bild allerdings nicht verstanden werden.[162]

Bei der in Kapitel 3.3.2.5 vorgeschlagenen Verwendung des Begriffs Parallelmontage wären die ersten vier Arten als Untergruppen der Parallelmontage anzusehen.

Kontrast-, symbolische und Leitmotiv-Montage lassen sich auch als *"assoziative Montage"*[163] bezeichen, da beim Zuschauer ein emotionaler oder gedanklicher Effekt erreicht wird. Dabei ergeben die Eindrücke beim Zuschauer zusammengenommen mehr, als die bloße Summe der Inhalte der Einstellungen. Diesen Möglichkeiten wird sich vor allem Eisenstein noch ausführlicher widmen.

Dadek betont im Zusammenhang mit Pudowkins Montageverfahren, daß dieser auf *expressionistische* Weise verfährt. Das zeigt sich daran, daß er sich auf die Beeinflussung des Zuschauers konzentriert, die durch die Montage der Bilder unter assoziativen Gesichtspunkten gefördert wird.[164]

3.4.1.4 Die Erweiterung von Pudowkins Montage-Verständnis

In den zwanziger Jahren betrafen Pudowkins Erweiterungen des Griffith'schen

---

[162]vgl. Reisz, K; Millar, G.: Geschichte und Technik der Filmmontage. a. a. O., S. 23
[163]ebd., S. 48
[164]vgl. Monaco, J.: Film verstehen. a. a. O., S. 356 und Dadek, W.: Das Filmmedium. a. a. O., S. 238

Verfahrens hauptsächlich die Einwirkungen, die die Montage auf den Zuschauer haben sollte. In den vierziger Jahren hatte sich seine Einschätzung der Bedeutung der Montage schon erweitert:

Aufgrund der Montage vermag es der Film nicht nur, alle bisherigen Künste - Malerei, Bildhauerei, Musik, Literaur und Theater - in sich zu vereinigen, er kann auch dem Zuschauer die Zusammenhänge des Allgemeinen mit dem Besonderen vermitteln. D. h., daß allgemeine Zusammenhänge mit ihren Details zusammengebracht werden können.[165] Die hohe Anforderung an den Regisseur ist es, mit Hilfe der Montage die Zusammenhänge, die zwischen den Aspekten des realen Lebens bestehen, aufzudecken und aufzuklären.[166] Der Schnitt vermag es, alle Geschehnisse in Stücke aufzuteilen. Der Regisseur soll die repräsentativsten auswählen, um auf besagte Zusammenhänge hinzuweisen.[167] Pudowkin verlangt also in diesem Stadium seiner theoretischen Schriften die Aufdeckung von realen Zuständen, und geht somit über das bloße Streben nach Beeinflussung des Zuschauers hinaus.

3.4.1.5 Zwei Beispiele aus "Matj"

Der Film "Matj" ("Die Mutter", 1926) ist ein frühes Werk Pudowkins. Gemäß der Romanvorlage Gorkis erzählt er die Geschichte einer Familie zur Zeit der russischen Arbeiterbewegung im Jahre 1905. Die formale Gestaltung bewirkt, daß die politische Aussage nicht plakativ erscheint.[168]

Der erste Ausschnitt, die Prügelszene, besteht aus 61 Einstellungen. Diese Szene repräsentiert Pudowkins konstruktive Montage und die stark fragmentierende Montage der zwanziger Jahre in der russischen Schule im allgemeinen. Die Einstellungen sind zu Beginn und Ende der Sequenz länger. In den aktionsgeladenen Phasen werden sie eine halbe Sekunde kurz. Hier zeigt sich, wie man mit dem ansteigenden Tempo der Schnitte die Spannungssteigerung unterstützen kann.[169]

Die Uhr ist insgesamt in nur acht Einstellungen zu sehen, drei mal davon lediglich im Hintergrund, obwohl ihre Rolle eigentlich sehr wichtig ist, da sie den Grund für die Auseinandersetzung darstellt (Nr. 7, 16, 23, 25, 27, 29, 32, 61). Beim Zerbrechen der Uhr wird in wenigen, kurzen, sich nicht wiederholenden Einstellungen beschrieben, was passiert. Man sieht nie im

---

[165]vgl. Pudowkin W. I.: Über die Montage. S. 122f. in: Witte, Karsten (Hg.): Theorie des Kinos. Ideologiekritik der Traumfabrik. Frankfirt / Main. 1972. S. 113 - 127
[166]ebd., S. 116
[167]ebd., S.124f.
[168]vgl. Chronik des Films. a. a. O., S. 64
[169]vgl. Reisz, K; Millar, G.: Geschichte und Technik der Filmmontage. a. a. O., S. 162

größeren Zusammenhang, wo sich die Uhr befindet oder wie sie zu Boden fällt. In nur zwei, nicht einmal eine Sekunde dauernden Einstellungen, sieht man den Fall (Nr. 25, 27). Dann beschreiben noch zwei Einstellungen detaillierter, daß die Uhr sich in ihre Einzelteile auflöst (Nr. 29) und insgesamt zerbrochen ist (Nr. 32).

Nach dem gleichen Prinzip werden die Schläge, die der Vater austeilt, in nur drei Einstellungen stark verkürzt gezeigt (Nr. 36, 38, 41). In keiner Einstellung wird zweimal zugeschlagen. Niemals sieht man deutlich, wie ein Schlag die Mutter trifft.

Die vielen, sehr kurzen Einstellungen zeigen in nahen Einstellungsgrößen Details der Szene. Die Aneinanderreihung von Details wird Pudowkins Forderung gerecht, dem Zuschauer einen neuen Aspekt der Handlung vorzustellen. Das bewirkt, daß während der Handlung keine Totalen zum Einsatz kommen. Folglich wird das Verhältnis der Personen zueinander im Raum nicht deutlich. Es wird entweder durch Blicke angedeutet oder zeigt sich einmal innerhalb eines Bildes, als der Vater die Mutter verprügelt. Also wird die Aufgabe, sich die Situation in ihrer Gesamtheit vorzustellen, dem Zuschauer überlassen.

Das Prinzip der assoziativen Montage liegt hier nur ansatzweise vor, da alle Einstellungen direkt etwas mit der Handlung zu tun haben. Sie zeigen als Fragmente allesamt Details der Handlung. Die gedankliche Leistung des Zuschauers besteht also darin, die Fragmente zusammenzubringen und die Handlung zu verstehen. Somit ist der Inhalt der Szene zwar mehr als die Summe der einzelnen Einstellungen, aber eine Beeinflussung des Zuschauers findet nicht statt.

Ausführlicher als die fragmentierte Handlung wird die Reaktion des Sohnes dargestellt (Nr. 37, 39, 42 - 44, 46, 48, 50, 52, 55, 57, 59). Die wiederholten Einstellungen, die den entschiedenen Blick des Sohnes zeigen, sind keine neuen Details der Szene, aber sie betonen, daß er sich entschlossen und konsequent auf die Seite seiner Mutter stellt.

Alles in allem tauchen die halbnahen oder nahen Schüsse und Gegenschüsse der Personen häufiger auf, als die eigentliche Handlung, wie z. B. die Schläge oder der Fall der Uhr. Dadurch wird die emotionale Beteiligung des Zuschauers am individuellen Verhalten der Charaktere aufrecht erhalten und gefördert. Durch die Betonung der Emotionen in Nahaufnahmen wird die Dramatik des Geschehens auf traditionelle Weise hervorgehoben.

Blenden werden im Film oft benutzt, wenn die Gedanken der Mutter dargestellt werden sollen. Die einzige Überblendung befindet sich hier zwischen Einstellung Nr. 7 und 8. Sie zeigt eine Wanduhr und ein an der Wand hängendes Bügeleisen. Es ist jedoch nicht ganz klar, ob es sich hier um subjektive Einstellungen handelt, die das zeigen, worauf der Vater blickt oder woran er denkt (Nr. 6). Ebenso könnte es sich auch um Gedanken oder Blicke der Mutter handeln (Nr. 9). Auf jeden Fall wird hier durch die Einstellungsfolge direkt ausgedrückt, daß die Uhr und das Bügeleisen ein trennendes Element zwischen dem Vater und der Mutter darstellen, denn durch diese beiden Gegenstände wird ihr Zerwürfnis ausgelöst. Des weiteren wird in diesen Einstellungen die Uhr als grundlegendes Detail vorgestellt.

Das zweite Beispiel zeigt in 38 Einstellungen sehr detailliert die Freude und die Erwartungen des Sohnes, dem die Flucht aus dem Gefängnis am nächsten Tag bevorsteht. Die Nachricht, die ihm dies mitteilt, hat er bei einem vorausgegangenen Besuch seiner Mutter zugesteckt bekommen. Die Bilder in dieser Sequenz, die mit der Flucht an sich nichts zu tun haben, sollen eine ähnliche emotionale Wirkung beim Zuschauer hervorrufen.[170]

Die sieben Einstellungen mit Frühlingsbildern sollen die Freude des Sohnes widerspiegeln (Nr. 10, 13 - 17, 19). Sie scheinen teilweise noch durch jump cuts in sich aufgeteilt zu sein. Es läßt sich aber nicht definitiv feststellen, ob es sich hier um beabsichtigte jump cuts handelt oder ob die "Sprünge" des Bildinhalts auf das Alter des Films zurückzuführen sind.

Außerdem befinden sich in dieser Sequenz 28 Einstellungen aus dem Innern der Zelle und drei Zwischentitel (Nr. 6, 8, 35). Die Zahl der Frühlingsbilder scheint also vergleichsweise gering zu sein. Man muß in diesem Zusammenhang aber hervorheben, daß der beginnende Frühling bereits vorher dargestellt wurde. Somit korrespondiern die sieben Frühlingsbilder mit den bereits vorher gezeigten und werden durch diese unterstützt. Dem Zuschauer müssen also gar nicht noch mehr Details gezeigt werden, um das Glück des Sohnes nachempfinden zu können. Darüber hinaus wird der Kontrast zwischen Zelle und Freiheit durch den im voraus beschriebenen Frühling und das jetzige Wiederholen dieses Inhalts verstärkt.

Die sieben assoziativen Einstellungen bekräftigen und vervielfachen ihre Bedeutung durch die Auswirkungen auf den Sohn. Da er im folgenden anfängt, gegen die Tür zu trommeln und zu tanzen, hält der Wärter ihn sogar für verrückt. Der Zuschauer kennt jedoch die Gründe dafür und ist durch die Intensität der Sequenz emotional miteinbezogen. Infolgedessen endet die Szene mit einer Abblende auf dem lachenden Gesicht des Sohnes und

---

[170]vgl. Reisz, K.; Millar, G.: Geschichte und Technik der Filmmontage. a. a. O., S. 26

optimistischen Erwartungen.

Das Prinzip der assoziativen Montage läßt sich in dieser Szene auf zwei verschiedene Arten deuten. Zum einen können die Frühlungsbilder zeigen, was der Sohn gerade denkt und worauf er sich freut. Somit wären hier seine Assoziationen dargestellt. Zum anderen verstärken sie den Eindruck, den der Zuschauer von der Freude des Sohnes erhält, denn auch beim Zuschauer werden Assoziationen mit den Frühlingsbildern geweckt. Die positive Ausstrahlung der Frühlingsbilder verbindet sich assoziativ mit der Freude des Sohnes. Folglich erlangt der Zuschauer einen viel differenzierteren Eindruck von der Freude des Sohnes, als wenn einfach sein lachendes Gesicht gezeigt worden wäre.[171] Sein Eindruck von dieser Szene geht weit über die bloße Summe ihrer Teile hinaus. Der Zuschauer erhält durch seine Assoziationen zwar keine neuen inhaltlichen Erkenntnisse, so wie Eisenstein es anstreben würde, aber seine emotionale Beteiligung und die Tiefe seiner Eindrücke wird entschieden verstärkt.

Das Tempo der Einstellungen intensiviert ihre Bedeutung und legt die Schnelligkeit nahe, mit der sich die Assoziationen der Freude im Kopf des Sohnes anhäufen. Das Tempo der übrigen Einstellungen paßt formal zu diesen und erhält damit das Tempo und den Rhythmus der Sequenz.

Die Kürze der Einstellungen variiert von drei Einzelbildern (Nr. 23) bis 6 Sekunden (Nr. 1). Eine Ausnahme ist die 14sekündige Einstellung Nr. 5. Hier wird allerdings der Brief gezeigt, der den Grundstein für die anschließende assoziative Montage legt. Der Zuschauer muß deswegen die Zeit haben, ihn lesen zu können. Die zwei längsten der folgenden Einstellungen sind nur drei Sekunden lang (Nr. 14, 38). Diese beiden Einstellungen, die im Vergleich zu den anderen relativ lang sind, zeigen ein lachendes Kindergesicht (Nr. 14) und das lachende Gesicht des Sohnes (Nr. 38). Sie heben also das Moment des Lachens am deutlichsten hervor. Die Grundstimmung des Ausschnittes läßt sich hier auf den kleinsten, gemeinsamen Nenner bringen, da die Freude des Sohnes der gesamten Sequenz und allen Einstellungen zugrunde liegt.

3.4.2 Sergej M. Eisenstein

Den Gegenpol zu Pudowkin im Bereich der russischen Montage-Doktrin, bildet *Sergej M. Eisenstein*.[172] Sein revolutionärer Zugang zur Filmkunst gründet sich zum größten Teil auf den Möglichkeiten der Montage. Eisenstein war, wie Pudowkin, mit Kuleschows Lehre vertraut und gehörte zu seinem

---

[171]vgl. Reisz, K; Millar, G.: Geschichte und Technik der Filmmontage. a. a. O., S. 26
[172]ebd., S. 23

erweiterten Hörerkreis.[173]

Bei Pudowkin sollte die Montage in erster Linie die Erzählung unterstützen, wozu teilweise assoziative Momente beitrugen. Eisenstein versuchte jedoch mit Hilfe der Montage Aussagen zu machen, die über die Summe des Inhalts der einzelnen Einstellungen weiter als Assoziationen hinausgingen.[174] Eisenstein bewunderte trotz seiner völlig anderen Ansichten über die Montage, das Werk Griffiths.[175]

Wie Pudowkin schreibt Eisenstein der Montage eine sehr große Rolle zu. Seiner Meinung nach hat sie in der Filmsprache die gleiche, wichtige Bedeutung wie das Wort in der Sprache.[176] Für ihn gilt: "Filmkunst - das heißt vor allem Montage"[177] In diesem Zusammenhang lehnt er die lange Einstellung strikt ab.[178]

Die expressionistische Form verbindet sich bei Eisenstein mit direkt auf die Realität bezogenen Inhalten. Dadek nennt seinen Stil deshalb *"realistischen Expressionismus"* [179].

Zur Repräsentation seines sehr umfangreichen Werkes lege ich die *Attraktionsmontage* und die *intellektuelle Montage* theoretisch und mit Beispielen dar. Auf seine anderen Überlegungen zur Montage kann ich nur kurz eingehen.

3.4.2.1 Attraktionsmontage

Eisensteins intellektueller Durchdringung der Filmbilder liegt sein Prinzip der Attraktionsmontage zugrunde. Diese bezieht sich auf die kunstphilosophische Idee des Konflikts.[180] Für den Film bedeutet das, bei der Darstellung einer Aktion räumlich unzusammenhängende und inhaltlich bedingt zusammenhängende Bilder zusammenstoßen zu lassen und, damit die emotionale Wirkung stark zu steigern.[181]

Die Montage der Filmattraktionen hat ihre Grundlage in der Montage der Attraktionen im Theater. Eine Attraktion ist hier "jedes aggressive Moment

---

[173]vgl. Beller, H.: Aspekte der Filmmontage. a. a. O., S. 20
[174]vgl. Monaco, J.: Film verstehen. a. a. O., S. 357
[175]vgl. Dadek, W.: Das Filmmedium. a. a. O., S. 213
[176]vgl. Eisenstein, Sergej M.: Montage der Filmattraktionen. S. 27. in: ders.: Das dynamische Quadrat. Schriften zum Film. Leipzig / Köln. 1988. S. 17 - 45.
[177]vgl. Eisenstein, S. M.: Das Prinzip einer Filmkunst jenseits der Einstellung. S. 225. in: ders.: Schriften 3 / Oktober. Herausgegeben von Schlegel, Hans Joachim. München. 1974. S. 225 - 241.
[178]vgl. Dadek, W.: a. a. O., S. 239
[179]ebd., S. 215
[180]ebd., S. 223
[181]edb., S. 223

des Theaters"[182], das sinnlich oder psychologisch formend auf den Zuschauer einwirkt und bewirkt, daß er die ideologische Aussage aufnimmt. Diese Attraktionen anzuhäufen, bedeutete mehr als bloß eine Handlung wiederzugeben. Eisenstein erprobte das bei eigenen Theaterinszenierungen, bevor er sich dem Film zuwendete.[183]

Die Bedeutung der Attraktion ist im Film der des Theaters recht ähnlich, nämlich ein 'Fakt, der sich auf die Aufmerksamkeit und Emotion des Zuschauers auswirkt und mit anderen kombiniert, die Emotion des Zuschauers in eine dem Ziel der Aufführung entsprechende Richtung lenkt.'[184]

Ein filmisch dargestellter Fakt kann in Montageabschnitte, also Einstellungen zerlegt werden. Jedes Element dieses Faktes, das in den Montageabschnitten erscheint, löst beim Zuschauer Assoziationsketten aus. Wenn der Fakt z. B. ein Mord wäre, dann würden die Montageabschnitte seine Elemente zeigen, z. B. das Zustechen des Messers und das Schließen der Augen. Die verschiedenen Montageabschnitte bewirken jeweils Assoziationsketten und folglich Verbindungen und Anhäufungen von Assoziationen in der Psyche des Zuschauers.[185]

Eisenstein redet in diesem Zusammenhang auch von der *Assoziationsmontage* bei der Darstellung eines einzelnen Fakts. Dieser Fakt wird durch viele Einzelheiten, die nur assoziativ miteinander verbunden sind, dargestellt.[186] Von diesen Fakten oder Ereignissen kommt eine gewisse Anzahl in einem Film vor. Der Regisseur wählt sie tendenziös aus, um das Publikum nach seinen Wünschen zu beeinflussen.[187] Formal ist die Beeinflussung des Zuschauers eng mit der Reflexologie und dem Behaviorismus verbunden. D. h., daß Eisenstein davon ausging, daß ein bestimmter Reiz beim Zuschauer berechenbare Reflexe hervorruft.[188]

Bei der Darstellung der Fakten unterscheiden sich die Attraktionsmontage im Film und im Theater. Beim Theater kann nur der Fakt an sich gezeigt werden und es finden hauptsächlich physiologische Einwirkungen auf den Zuschauer statt.[189] Im Film hingegen können die Einwirkungen sogar zu Abstraktionen

---

[182]vgl. Eisenstein, S. M.: Montage der Attraktionen. S. 12. in: ders.: Das dynamische Quadrat. a. a. O., S. 10 - 16.
[183]ebd., S. 10ff.
[184]vgl. Eisenstein, S. M.: Montage der Filmattraktionen. a. a. O., S. 18
[185]ebd., S. 18f.
[186]ebd., S. 28
[187]ebd., S. 18.
[188]vgl. Bulgakowa, Oksana: Montagebilder bei Sergej Eisenstein. S. 56. in: Beller, H.: Handbuch der Filmmontage. a. a. O., S. 49 - 77
[189]vgl. Eisenstein, S. M.: Montage der Filmattraktionen. a. a. O., S. 18f.

führen.[190] Folglich ist der Film besser für die Attraktionsmontage geeignet als das Theater.[191]

Der Unterschied zur Montage bei Pudowkin wird klar: Bei Eisenstein sind die Einzelheiten unter Gesichtspunkten der Beeinflussung des Publikums durch Assoziationen und Abstraktionen angeordnet. Sie sollen durch den Zusammenprall der Einstellungen erreicht werden. Bei Pudowkin sollen die Einzelheiten in den Einstellungen in erster Linie die Geschichte konstruktiv aufbauen. Eine gewisse Einwirkung auf den Zuschauer ist aber trotzdem gegeben.

Eisensteins Bestreben nach Beeinflussung des Zuschauers anhand von Abstraktionen steht Pudowkins konstruktive Narration mit geringeren Assoziationselementen gegenüber.

Um die einzelnen Montageabschnitte an sich so effektvoll wie möglich zu machen, müssen sie vom jeweils besten Blickpunkt aus vermittelt werden. Außerdem müssen die Objekte oder Handlungen immer wieder von neuen Blickwinkeln aus aufgenommen werden.[192]

Ein Beispiel dafür ist die berühmte Sequenz auf der Odessaer Hafentreppe aus Eisensteins "Bronenosez Potjomkin" ("Panzerkreuzer Potemkin", 1925). Hier flieht eine Menschenmenge vor Soldaten des Zaren. In vielen, immer kürzer werdenden Einstellungen zeigt Eisenstein Einzelheiten davon, wie die Bürger niedergeschossen werden. Die Bewegungsrichtungen der beiden Gruppen werden kontrapunktisch gegenübergestellt. Die Montage ist hier formal kontrastierend angelegt und rhythmischen Prinzipien unterworfen.[193]

Eisenstein betont, daß die Attraktionsmontage in der formalen Gestaltung einer Gegenüberstellung zugunsten eines Kontrastes und nicht einer einfachen Parallelmontage ähnelt.[194]

In Eisensteins ersten Film "Statschka" ("Streik", 1923/24) liegt der Grundstein für seine revolutionären Formvorstellungen.[195] Hier findet sich eine Eisenstein'sche "Interpolation"[196] der Bilder, die im folgenden noch beschrieben werden wird. Von diesem "freien Anhäufen von Assoziationsstoff"[197] distanzierte sich Eisenstein im weiteren Verlauf seines

---

[190]vgl. Bulgakowa, O.: Montagebilder bei Sergej Eisenstein. a. a. O., S. 55
[191]vgl. Eisenstein, S. M.: Montage der Filmattraktionen., a. a. O., S. 18f.
[192]ebd., S. 26
[193]vgl. Die Chronik des Films. a. a. O., S. 61
[194]vgl. Eisenstein, S. M.: Montage der Filmattraktionen. a. a. O., S. 21
[195]vgl. Dadek, W.: Das Filmmedium. a. a. O., S. 222
[196]ebd., S. 224
[197]ebd., S. 225

Lebenswerkes aber wieder. Er erkannte, daß "literarischer Symbolismus und stylistischer Manierismus"[198] entstehen, wenn das Thema durch diese Art der Montage nicht dynamisiert werden kann.

3.4.2.2 Ziel der Attraktionsmontage

Die Hauptwirkung des Films basiert für Eisenstein auf der emotionalen und - wie im weiteren Verlauf dieser Arbeit beschrieben - intellektuellen Einwirkung auf den Zuschauer.

Der Film ist für Eisenstein eine "Agit-Kunst"[199] mit der Möglichkeit der emotionalen Bewegung der Massen. Das funktioniert für ihn am besten über einen Film, der die Narration nicht zu sehr in den Vordergrund geraten läßt, in Form einer vom Regisseur angefertigten Attraktionskette mit einem festgelegten Endeffekt. Im Gegensatz zur bloßen Abbildung von Realität, wie z. B. beim Regisseur Vertov, der die Narration völlig ablehnte, ist deshalb die Inszenierung von Szenen nötig.[200] Filme nach der Attraktionsmethode zu machen entspricht den Zielen des russischen Kinos, die nach der größtmöglichen Nützlichkeit für den Klassenkampf ausgerichtet sind.[201] Eisensteins Ziel wird auch als 'die Schaffung einer neuen Realität mittels dieser dialektischen Montage'[202] bezeichnet.

3.4.2.3 Ein Beispiel aus "Statschka"

Im Bezug auf die Gesamtkomposition des Films "Statschka" betont Eisenstein in einem Gespräch 1924, daß er die amerikanische Montage nutzt, weil er sie für die beste Ausdrucksform hält. Später wird er kritisieren, daß der amerikanische Film die Möglichkeiten der Montage, die weit über die bloße Narration herausgehen, nicht zu nutzen vermochte. Trotz der Nutzung der amerikanischen Montage in "Statschka" gestaltet er den Film seiner Vorstellung nach, nämlich daß ein Film nicht zu narrativ sein sollte. Er betont außerdem die Situationen und nicht die Einzelpersonen.[203]

Im Finale des Films weicht Eisenstein allerdings von der amerikanischen Montage ab. Hier treffen Bilder der Niederschießung von streikenden Arbeitern und der Schlachtung eines Ochsen in einem Schlachthaus nach dem Prinzip der Attraktionsmontage und der Assoziationsmontage aufeinander.

---

[198]vgl. Dadek, W.: Das Filmmedium. a. a. O. S. 225
[199]vgl. Eisenstein, S.: Montage der Filmattraktionen. a. a. O., S. 17
[200]ebd., S. 26f.
[201]ebd., S. 45
[202]vgl. Monaco, J.: Film verstehen. a. a. O., S. 357
[203]vgl. Eisenstein. S.: "Das Teufelsnest" ('Streik'). S. 212f. in: ders.: Schriften 1 / Streik. Herausgegeben von Schlegel, Hans Joachim. München. 1974. S. 212 - 213.

Eisenstein wollte durch die Darstellung einer realen Schlachtung und realen Blutes den Schrecken auf die Spitze treiben und die assoziative Verknüpfung der beiden Szenen erreichen. Er mußte jedoch feststellen, daß diese Szene nur in einem städtischen Gebiet Entsetzen auslöste. In einem ländlichen Gebiet, wo das Schlachten von Tieren etwas Alltägliches, sogar positiv Besetztes ist, wurde die Verallgemeinerung des "Abschlachtens" nicht verstanden. Dadurch wurde Eisenstein sich der Relativität seiner Ausdrucksform bewußt.[204] In dieser Mehrdeutigkeit, die Eisensteins Montage permanent innewohnt, sehen Reisz / Millar die große Schwäche.[205]

Die Sequenz besteht aus insgesamt recht kurzen Fragmenten von 0,5 bis zu drei Sekunden Dauer. Nur eine Einstellung (Nr. 34) und ein Titel (Nr. 36) sind deutlich länger.

In insgesamt zwölf Einstellungen von 40 wird die Schlachtung des Rindes dargestellt (Nr. 1, 2, 7 - 9, 11, 14, 16, 17, 29 - 31). Sie sind ca. 0,5 bis 3 Sekunden lang. Die anderen Einstellungen zeigen die Niederschießung der Arbeiter. Am Schluß ist ein Zwischentitel und ganz groß ein Augenpaar zu sehen.

In den ersten 17 Einstellungen halten sich die beiden Handlungen anteilmäßig die Waage. Acht Aufnahmen der Schlachtung, die von einem Titel eingeleitet werden, stehen hier sechs Einstellungen von fliehenden Arbeitern (Nr. 3 - 6, 10, 12) und zwei Einstellungen von Soldaten (Nr. 13, 15) gegenüber. Noch ist kein Arbeiter erschossen worden, wohingegen dem Rind schon ins Genick gestochen wurde und es bereits ausblutet. Den ersten Schrecken hat der Zuschauer also bekommen, da er mit der Brutalität gegenüber dem Tier konfrontiert wurde. Seine Grundstimmung ist insofern festgelegt. Hinzu kommt, daß in Nr. 10 und 12 Hände von Arbeitern hilfesuchend in die Luft gestreckt werden. Wenn sich jetzt die Assoziationen des Zuschauers in seinen Gedanken 'anhäufen und verbinden', dann hat er bereits jetzt einen Eindruck von Gewalt gegenüber Wehrlosen, die sich zu retten versuchen.

Im weiteren Verlauf werden die schießenden Soldaten betont (Nr. 18, 19, 23, 26, 27) und das Fluchtmotiv aufrecht erhalten (Nr. 20 - 22, 24, 27, 28). Ein Titel (Nr. 25) erklärt die Situation der Liquidierung des Streiks. Währenddessen sammeln sich weiterhin die Attraktionen der Flucht und der Soldaten und rufen Assoziationen hervor. Dann wird erneut mit dem sterbenden Rind eine bekannte Attraktion ins Gedächtnis gerufen (Nr. 29 - 31). Diese leitet wiederum den Schlußteil ein, der zum ersten Mal die

---

[204]vgl. Eisenstein: Zur Komposition des 'Streik'-Finale. S. 275f. in: ders.: Schriften 1 / Streik. a. a. O., S. 274 - 282.
[205]vgl. Reisz, K.; Millar, G.: Geschichte und Technik der Filmmontage. a. a. O., S. 34

niedergemetzelten Arbeiter zeigt. Die Überblendung von Nr. 32 zu 33 verbindet die fortmarschierenden Soldaten mit dem Tod der Arbeiter, den der Zuschauer dann in zehn Sekunden, von einer Kamerabewegung betont, in seinen Ausmaßen sieht. Hier treffen sich alle Assoziationen von Tod, Gewalt, Flucht, Hilflosigkeit usw. und zeigen den Massentod als Synthese sowohl aller Attraktionen als auch aller Assoziationen. Auf den Niedergemetzelten wird dann abgeblendet.

Im Anschluß wird dem Zuschauer dann noch etwas für die Zukunft mit auf den Weg gegeben. Vor Einstellung Nr. 35 erklären nur zwei Titel die Situation. Durch die vier kommentierenden Titel, die sich am Ende der Sequenz, also auch am Ende des ganzen Films häufen, wird die Einwirkung auf den Zuschauer vorangetrieben (Nr. 36, 38 - 40). Neben der zehnsekündigen Totalen des Schlachtfeldes gibt auch der nachfolgende dreizehnsekündige Titel noch einmal mehr Zeit, um das Gesehene zu verstehen. Gleichzeitig verweist er auf die historische Bedeutung der Aufstände. Dem Zuschauer, der in erster Linie der russische Proletarier sein sollte, wird der Einsatz der anderen Proletarier vor Augen geführt, damit er seine Situation zu schätzen lernt. Durch die kurzen und prägnanten Detailaufnahmen der Augen wird noch einmal die Wichtigkeit dieses Blickes auf die vergangenen Geschehnisse unterstrichen. Aber auch der Proletarier, der im Kino zuschaut, wird durchdringend angesehen, so daß er sich persönlich angesprochen fühlen muß. Der mahnende Blick und der entsprechende Zwischentitel entlassen den Proletarier nicht aus seiner Verantwortung, sondern geben ihm für immer mit auf den Weg, daß auch für ihn Menschen gestorben sind und daß er die Grausamkeiten des zaristischen Regimes deshalb nie mehr wird erdulden müssen. Die Mahnung, dies nicht zu vergessen, wird noch durch die Musik unterstrichen, die Akzente auf die letzten drei Titel setzt.

3.4.2.4 Intellektuelle Montage

Aus dem Prinzip der Attraktionsmontage entwickelte sich die *intellektuelle Montage*, durch die sich Eisenstein noch deutlicher von der bloßen Narration abwendet. Er geht einen Schritt weiter, indem er die Geschehnisse, die in seinen Filmen beschrieben werden, nur noch als Gerüst betrachtet. Die Montage der Ereignisse, bzw. ihrer Fragmente, und assoziativer Momente wird bei der intellektuellen Montage nur noch teilweise nach erzählerischen Gesichtspunkten gestaltet. Sie soll zu intellektuellen Schlußfolgerungen führen, die eine größere Bedeutung als die eigentliche Handlung haben.[206] Durch den "intellektuellen Film"[207] sollen "ideologische Systeme und Systeme von Begriffen"[208] vermittelt werden. Eisenstein wollte die "Synthese des emotionalen, dokumentarischen und absoluten Films"[209] erreichen, in welcher einerseits Wissenschaft und andererseits Kunst und Emotion keine Dualität mehr bilden.[210] Natürlich herrscht auch innerhalb der Form dieser Filmkunst ein Konfliktzustand.

Die einzelne Einstellung hat für ihn den Stellenwert eines "neutralisierten"[211] Schriftzeichens. Er beruft sich auf die japanische Zeichenschrift als formale Grundlage für die Konstruktion von intellektuellen Schlußfolgerungen, die sich aus den aneinandergereihten Bildern ergeben. Eine Hieroglyphe kann mit einer anderen zusammen einen neuen Ausdruck ergeben und eine neue Bedeutung erlangen. Z. B. bedeuten das Zeichen für Messer und das Zeichen für Herz zusammen Kummer.[212] Auf gleiche Weise entstehen beim intellektuellen Film neue Bedeutungen und Schlußfolgerungen aus aneinandergereihten Einstellungen.

Eisenstein möchte nach wie vor die Einstellungen nicht koppeln, sondern einen Zusammenprall schaffen. Er sieht die einzelne Einstellung nicht wie Pudowkin als Element der Montage, also als einzelnen, klar abgegrenzten "Ziegelstein"[213], wodurch der Film aufgebaut wird. Einstellungen sind Zellen der Montage, die innerhalb ihrer selbst Konflikte aufweisen können. Diese bestehen im Zusammentreffen der dominierenden Hauptmerkmale der Einstellungen, der *Dominanten*, die z. B. Bildebene, Volumen oder Beleuchtung sein können.[214] Die Konflikte im Bild haben die Montage potentiell schon in sich angelegt. Somit wirken sie als "Montagestöße"[215] weiter verstärkend auf die nachfolgenden Schnitte.[216]

Den Grundstein für die intellektuelle Montage legte Eisenstein in der

---

[206]vgl. Reisz, K.; Millar, G.: Geschichte und Technik der Filmmontage. a. a. O., S. 27
[207]vgl. Eisenstein, S. M.: Die Geburt des intellektuellen Films. in: ders.: Schriften 3 / Oktober. Herausgegeben von Schlegel, Hans Joachim. a. a. O., S. 175
[208]vgl. Eisenstein, S.: Perspektiven. S. 200. Anm. 28. in: ders.: Schriften 3 / Oktober. Herausgegeben von Schlegel, Hans Joachim. a. a. O., S. 187 - 200.
[209]ebd., S. 198
[210]ebd., S. 194ff.
[211]vgl. Monaco, J.: Film verstehen. a. a. O., S. 357
[212]vgl. Eisenstein, S. M.: Das Prinzip einer Filmkunst jenseits der Einstellung. a. a. O. S. 227.
[213]ebd., S. 232
[214]vgl. Eisenstein, S. M.: Dramaturgie der Film-Form. S. 209f. in: ders.: Schriften 3 / Oktober. Herausgegeben von Schlegel, Hans Joachim. a. a. O., S. 200 - 225.
[215]vgl. Eisenstein, S. M.: Das Prinzip einer Filmkunst jenseits der Einstellung. a. a. O., S. 235
[216]ebd., S. 234f.

Löwensequenz in "Bronenosez Potjomkin".[217] Hier werden drei steinerne Löwenfiguren hintereinander montiert, so daß der Eindruck entsteht, der Löwe würde erwachen und aufstehen. Inhaltlich kann man den Löwen als Metapher für den Aufstand der Matrosen und des Volkes gegen den Zaren sehen. Beller nennt diese Sequenz auch ein 'Denkmal für die Aneinanderreihung von Einzelbildern im Film'[218]. Eisenstein tritt hiermit ein in

> "die zweite literarische Periode, in die Phase der Annäherung des Films
> an die Symbolik der Sprache (...), die der ganz konkret materiellen
> Bezeichnung einen symbolischen (...) Sinn verleiht, und zwar durch eine
> der   buchstäblichen   Bedeutung   wesensfremde   Kontext-
> Zusammenstellung, das heißt also auch durch die Montage"[219]

3.4.2.5 Intellektuelle Montage an einem Beispiel aus "Oktjabr"

Im Film "Oktjabr" ("Oktober", 1927/28), der von der russischen Oktoberrevolution im Jahre 1917 handelt, befindet sich eine längere Sequenz nach dem Muster der intellektuellen Montage. Zunächst wird eine einfache Handlung dargestellt, nämlich wie sich der 1917 zum Diktator aufgestiegene Kerenskij im Winterpalast bewegt. Man sieht ihn mehrfach aus verschiedenen Perspektiven die gleiche Treppe hinaufgehen. Diese nach oben gerichtete Bewegung wird mit Zwischentiteln, die immer ranghöhere Bezeichnungen seiner Position anzeigen (Diktator, Oberbefehlshaber, usw.), unterbrochen. Die Montage stellt im weiteren Verlauf Kerenskij einer Pfauen-Figur und einer Napoleonbüste gegenüber. Damit macht Eisenstein sich über Kerenskijs Machtgelüste und seine Unfähigkeit lustig. Eine Kontrastmontage betont dann den Gegensatz zwischen dem Prunk des Palastes und der Armut der lenintreuen, gefangenen Bolschewiken. Im Anschluß daran wird auf die Gefahr hingewiesen, die von General Kornilow für die Bolschewiken im Namen Gottes ausgeht. In diesem Zusammenhang wird die Verehrung von Gott kritisiert, indem mehrere, immer götzenhafter werdende Gottesabbilder aneinandergefügt werden.[220]

Die 32 Einstellungen aus dieser Beispielsequenz sind 0,5 bis drei Sekunden lang. Sie zeigen verschiedene Figuren von einer Jesus-Darstellung bis zu einem hölzernen Giljaken-Götzen. Die beiden ersten Einstellungen sind Zwischentitel, die die Verbindung von Kornilows Angriff "Im Namen Gottes und des Vaterlandes" mit der Diskreditierung des Gottesbegriffs herstellen.

---

[217]vgl. Bugakova, O.: Montagebilder bei Sergej Eisenstein. a. a. O., S. 59
[218]vgl. Beller, H.: Aspekte der Filmmontage. a. a. O., S.9
[219]vgl. Bulgakova, O.: a. a. O., S. 59
[220]vgl. Reisz, K.; Millar, G.: Geschichte und Technik der Filmmontage. a. a. O., S.30ff.

Acht der ersten 15 Einstellungen zeigen die Zwiebeltürme einer Kirche (Nr. 4, 6, 7, 9, 10) und eine Moschee (Nr. 13 - 15).[221] Hier wird bereits der erste inhaltliche Schritt von einem Glauben zum anderen, also vom Christentum um Islam gemacht. Die Moschee taucht allerdings nur kurz und ohne deutliche islamische Zeichen auf, so daß sie von den meisten wahrscheinlich nicht als solche erkannt wurde. Man kann davon ausgehen, daß diese Moschee einen Rückschritt gegenüber der christlichen Kirche andeuten soll. Das läßt sich auf den intentionalen Hintergrund der Sequenz zurückführen, da es hier darum geht, den herkömmlichen Gottesbegriff mit den verschiedensten Religionen zu kontrastieren. Der Kontrast wird sich dann in den Gottesdarstellungen fortsetzen.

Zum anderen stehen die Formen innerhalb der Einstellungen durch die geneigten Kameras einander gegenüber (Nr. 6 u. 7, 9 u. 10, 13 u. 14). Außerdem rückt die Kamera von Einstellung zu Einstellung immer näher an die Kirche heran. Eisenstein führte dies als Beispiel für eine räumliche Dynamisierung mittels Montage an.[222]

Die restlichen 17 Einstellungen (Nr. 16 - 32) zeigen nur noch Götter, deren Rang immer weiter abnimmt. Eisenstein läßt auf die monotheistische, christliche Religion mit prunkvollen Gottesdarstellungen immer geringer werdende Gottesbilder aus polytheistischen Religionen folgen. Er arbeitet sich über Gottheiten, die in der äußeren Form und inhaltlichen Bedeutung immer primitiver werden, bis zu einem Holzstumpf vor und erniedrigt somit schrittweise den Gottesbegriff.

So konfrontiert er die Idee eines Gottes mit seiner Symbolisierung. Beide entfernen sich im Verlauf der Sequenz immer weiter voneinander, woraufhin der Betrachter Schlüsse über die wirkliche Natur von Göttern ziehen soll.[223] Durch die Gegenüberstellung der verschiedenen Gottesbilder wollte er die These "Gott ist ein Holzklotz"[224] belegen.

Eisenstein weist darauf hin, daß ihm hier die filmische Umsetzung eine abstrakten, intellektuellen These ohne narrative Elemente gelungen ist. Sogar die emotionale Beteiligung des Zuschauers ist geglückt, da dieser über die herabbaumelnden Holzpfötchen einer Eskimo-Gottheit gelacht hat.[225] Dieses Phänomen der Verbindung von Emotion und Wissenschaft nennt er

[221]Die Angaben über die Bildinhalte der Sequenz stammen aus: Eisenstein, S. M.: Die Geburt des intellektuellen Films. a. a. O., S. 174
[222]vgl. Eisenstein, S. M.: Dramaturgie der Film-Form. a. a. O., S. 218
[223]vgl. Reisz, K; Millar, G.: Geschichte und Technik der Filmmontage. a. a. O., S. 32
[224]vgl. Eisenstein, S. M.: Die Geburt des intellektuellen Films. a. a. O., S. 177.
[225]ebd., S. 174f.

"intellektuelle Attraktion"[226].

3.4.2.6 Kurzer Abriß über Eisensteins weiteres Werk

Nachfolgend gehe ich kurz auf Eisensteins weiteres Werk ein. Ein wichtiges Schlagwort wurde 1935 die *innere Rede*. Sie funktioniert gemäß der bildhaft-sinnlichen Denkstruktur und verbindet sich nicht mit der logischen, äußeren Rede. Trotzdem hat dieses sinnliche Denken genauso deutliche Gesetzmäßigkeiten wie das logische. In ihr liegen für Eisenstein die Gesetze zur Bildung einer künstlerischen Form, denn sie vereint die höheren Schichten des Bewußtseins mit den tiefsten Schichten des sinnlichen Denkens. Somit repräsentiert sie die innere Spannung in der Einheit von Form und Inhalt, die echten Kunstwerken eigen ist.[227]

Gegen Ende der zwanziger Jahre unterscheidet Eisenstein fünf Montage-Kategorien: Die primitiveren sind die *metrische* und die *rhythmische*, die er als roh bzw. primitiv gefühlserregend beschreibt. Im Rahmen der der dritten Kategorie, der *tonalen Montage*, spielen der Rhythmus und der Inhalt des Bildes eine Rolle.[228] Bei der *obertonalen Montage* sind nicht nur die bewußt wahrgenommene Dominante, sondern auch die unbewußt wahrgenommenen, also alle "Parameter der Einstellung (Licht, Volumen, Konturen)"[229], wichtig. In "Staroje I Nowoje" ("Das Alte und das Neue", 1929) ist der *visuelle Oberton* zum ersten Mal aufgetaucht. Im Tonfilm kann er auch als *auditiver Oberton* vorkommen.

1929 beschreibt er in einem Aufsatz die über die Abbildung hinausgehenden Möglichkeiten der Montage als "vierte Dimension"[230] des Films. Er stellt hier fest, daß Dominante und Oberton sich abwechseln und, sowohl das eine als auch das andere, bewußt rezipiert werden.[231]

Die beschriebene intellektuelle Montage gehört in die fünfte Kategorie. 1935 entfernt sich Eisenstein allerdings wieder von dieser "Hypertrophie des Montagekonzepts"[232]. Ende der dreißiger Jahre, nach Angriffen auf seine Montagetheorien, distanziert er sich dann auf paradoxe Weise von der Montage. Er legt sie einerseits als das grundlegende Prinzip zur Schaffung eines künstlerischen Ausdrucks dar, andererseits sieht er sie nur noch als ein Ausdrucksmittel von vielen und betont die Wichtigkeit der Synthese des

---

[226]vgl. Eisenstein, S. M.: Die Geburt des intellektuellen Films. a. a. O., S. 175
[227]vgl. Wuss, Peter: Sergej M. Eisenstein (II): Innere Rede und Komposition. S. 308 - 322. in: ders.: Kunstwert des Films und Massencharakter des Mediums. Berlin. 1990. S. 312f.
[228]vgl. Dadek, W.: Das Filmmedium. a. a. O., S. 234
[229]vgl. Bulgakowa, O.: Montagebilder bei Sergej Eisenstein. a. a. O., S. 65
[230]ebd., S. 69
[231]ebd., S. 69
[232]vgl. Dadek, W.: a. a. O., S. 233

organischen Gesamtkunstwerkes.[233]

Bereits 1930 versuchte er in dem unvollendeten Film "Que Viva Mexico!" den Bildinhalt, also die mise-en-scene neuartig zu komponieren. Er arrangierte Gegensätze zwischen Vorder- und Hintergrund und bediente sich somit der *"Montage innerhalb des Bildes"* oder des *"inneren Schnitts"*[234] innerhalb einer Einstellung. Diese sollte erst in den vierziger Jahren zum Durchbruch kommen. Gerade dieses *Tiefenarrangement* (*"profondeur du champ"*[235]) hat man seinen Filmen häufig abgesprochen.[236]

Mit seiner *Vertikalmontage* widmete er sich der Synthese der Sinneseindrücke. Der *Kontrapunkt*, der durch Bild und Ton in einer Einstellung erzeugt werden kann, vertieft das Empfinden und kann das mehrschichtige Bewußtsein ausdrücken. Die *chromophone Montage* bezog hier auch noch die Farbe mit ein.[237]

3.4.3 Dsiga Vertov

Neben den erwähnten, russischen Vertretern der Montage-Doktrin sollte auch noch *Dsiga Vertov* hervorgehoben werden. Vertov lehnte den Spielfilm völlig ab, da dessen Themen nicht filmspezifisch, sondern in der Literatur begründet sind.[238] Er versucht die Wahrheit dokumentarisch darzustellen. Das kann am besten durch das unauffällig beobachtende "Kino-Auge", die Kamera, gelingen, da es empfindungslos und somit objektiver als das menschliche Auge ist.[239]

Vertov wollte mit seinem Konzept der Kino-Wahrheit ("kino prawda") die größtmögliche Authentizität der Darstellung erreichen. Deshalb sollen sich die Gefilmten der Kamera nicht bewußt sein oder ihr Verhalten deswegen ändern.[240]

Wie die anderen Russen, vertrat er die Montage-Doktrin. Im Gegensatz zu Eisenstein bemühte er sich aber nicht um den gegensätzlichen Zusammenprall der Bilder, sondern um ihre Verbindung nach rhythmischen Kriterien. Laut Eisenstein wird bei Vertovs Verfahren der Zuschauer nur durch den Attraktionscharakter der Themen und die durch die Montage gegebene Form ergriffen. Die Fakten kämen aber durch die Kürze der Passagen zu kurz.[241]

In seinem Film "Celovek S Kinoapparatom" ("Der Mann mit der Kamera",

---

[233] vgl. Bulgakowa, O.: Montagebilder bei Sergej Eisenstein. a. a. O., S. 72f.
[234] vgl. Dadek, W.: Das Filmmedium. a. a. O., S. 266
[235] vgl. Bulgakowa, O.: a. a. O., S. 53
[236] ebd., S. 53
[237] ebd., S.69f.
[238] vgl. Dadek, W.: a. a. O., S. 274
[239] ebd., S. 83ff.
[240] vgl. Rother, R.: Sachlexikon Film. a. a. O., S. 43
[241] vgl. Eisenstein, S. M.: Montage der Filmattraktionen. a. a. O., S. 18

1929) erstellt Vertov Bildzeichen, indem er, ähnlich wie bei Eisensteins intellektueller Montage, Bilder mit komplementären Gehalten verbindet. Z. B. bedeuten Bilder von einem schwitzenden Mann zusammen mit Bildern eines rauchenden Schornsteins Arbeit.[242] Pudowkin kritisierte an einer solchen Organisation nach Art des Dokumentarfilms den fehlenden Sinn der Vereinigung der Einstellungen.[243] "Celovek S Kinoapparatom" wurde auch als formalistisch und zu weit entfernt vom Alltagsleben der Menschen kritisiert.[244]

3.4.4 Andere, zeitgenössische Bewegungen

Das, was bei den Russen in den zwanziger Jahren als *Formalismus* bezeichnet wird, ist eine recht wissenschaftliche Herangehensweise an die Wirkungsmöglichkeiten des Films. In Deutschland ist die entsprechende Bewegung, der *Expressionismus*, von der romantischen Vorstellung des Films als expressivem Mittel gefärbt.[245] Formal zeigte sich dieser weniger an der Montage, sondern viel mehr an der *mise-en-scene*, d. h. der Bildkomposition. Diese wird von gemalten Kulissen, spitzwinkeliger Architektur, schiefen Perspektiven und kontrastierender Lichtregie gekennzeichnet.[246]

Das Stilmittel der Montage in der deutschen Avantgarde findet sich z. B. in *Walter Ruttmanns* "Berlin, die Sinfonie der Großstadt" (1927). Dieser Film wird der Stilrichtung *"Neue Sachlichkeit"* zugeordnet, da er einen Querschnitt durch das reale Leben geben wollte. Formal richtet sich der Film in Tempo und Rhythmus nach der Musik, die extra für diesen Film komponiert wurde.[247] Besonders *Ruttmann* und auch *Fischinger* und *Richter* experimentierten häufig mit dem "absoluten" Film, der stark rhythmisch geprägt, aber nicht narrativ war.[248] *Abel Gances* ähnlich angelegter Film "La roue" ("Das Rad") stammt aus dem Jahr 1922. 1926 experimentierte er in "Napoléon" mit einer dreigeteilten Leinwand.

Man geht trotz der offensichtlichen Ähnlichkeiten und der zeitlichen Nähe davon aus, daß die Konzeptionen von Eisenstein, Ruttmann und Gance eigenständig entwickelt worden waren.[249]

---

[242]vgl. Dadek, W.: Das Filmmedium. a. a. O., S.175
[243]vgl. Pudowkin, W. I.: Über die Montage. in: Witte, Karsten (Hg.): Theorie des Kinos. Ideologiekritik der Traumfabrik. a. a. O., S. 115
[244]vgl. Die Chronik des Films. a. a. O., S. 129
[245]vgl. Monaco, J.: Film verstehen. a. a. O., S. 355
[246]vgl. Die Chronik des Films. a. a. O., S. 39
[247]ebd., S. 72
[248]vgl. Peters, J. M.: Theorie und Praxis der Filmmontage von Griffith bis heute. a. a. O., S. 42
[249]vgl. Dadek, W.: a. a.. O., S. 216

3.4.5 Der Begriff "Rhythmus"

Über den *Rhythmus* der Montage, der vor allem bei der stark fragmentierenden Montage der zwanziger Jahre wichtig war, wurde viel geschrieben, es konnte aber keine wirkliche Definition gefunden werden. Dadek fragt nach ausführlichen Gegenüberstellungen verschiedener Positionen: "Konnte es noch deutlicher werden, daß sich dieser filmische Rhythmus als Unbegriff, als Pseudokategorie erwiesen hat und wäre nicht die einzig richtige Folgerung, ihn gänzlich preiszugeben?"[250]

Wenn vom Rhythmus des Films die Rede ist, kann laut Peters als allgemeine Definition folgendes gelten: Die durch die Montage ermöglichte Bewegung der Bilder, durch die Leben in die Filmbilder gelangt.

Über eine einfache, temporale Ordnung geht die rhythmische Montage allerdings hinaus. Sie hängt ebenso von der Länge der Einstellungen, der Bewegung in ihnen, der mise-en-scene, der Auffälligkeit der Schnitte ab. Diese Aspekte wirken sich auf den subjektiven Eindruck der Dauer und der Vitalität einer Handlung und deren Tempo aus. Der Rhythmus kann die erzählte Geschichte inhaltlich näher bestimmen, z. B. wenn durch kürzer werdende Einstellungen die Dramatik gesteigert wird. Er kann auch die Form der Narration beeinflussen, wenn beispielsweise subjektive Erfahrungen durch den Rhythmus von objektiver Narration getrennt werden sollen. Letztendlich stellt Peters fest, daß eine rhythmische Ordnung jeder Montageart innewohnt.[251]

3.5 Die Einführung des Tonfilms

Die Einführung des Tonfilms gegen Ende der zwanziger Jahre spielt eine wichtige Rolle in der Entwicklung der filmischen Narration. Allerdings stand man ihr zunächst mit gemischten Gefühlen gegenüber. Die Beurteilung des Tonfilms variierte je nach Montage-Schule.

3.5.1 Ton und Bild in der klassischen Narration

Anfänglich gab es bei den Dreharbeiten technische Rückschritte, da die Kamera bei einer Originaltonaufnahme nicht bewegt werden durfte. Infolgedessen wurde der Ton "überbetont", wenn nur durch ihn und nicht mehr durch die Bilder dramatisiert wurde. Diese Art Film wurde schnell langweilig. Trotz dieser anfänglichen Vernachlässigung des Bildes und Schnittes war das essentielle Merkmal des Tonfilms, daß die filmische Narration realistischer geworden war.[252] In den fünfziger Jahren beurteilte der

---

[250]vgl. Dadek, W.: Das Filmmedium. a. a. O., S. 257
[251]vgl. Peters, J. M.: a. a. O., S. 42f.
[252]vgl. Reisz, K; Millar, G.: Geschichte und Technik der Filmmontage. a. a. O., S. 35f.

Filmkritiker *André Bazin* das Aufkommen des Tonfilms als das entscheidende Moment, das den Anstoß zu einer realistischeren Filmkunst gab.[253] Für Bazin war der Stummfilm in Sachen Realismus der Darstellung nur ein Krüppel gewesen, weil er aus der Realität ohne eines ihrer Elemente bestand.[254]

Im Bezug auf die Form der klassischen Filmnarration hat der Tonfilm nicht allzu viel verändert, denn die Abfolge der Kameraeinstellungen ist die gleiche geblieben.[255] Der Tonfilm übernahm die narrative Standard-Montage und hob sie als Découpage classique auf eine realistischere Ebene.[256]

Für das *Timing*, also die zeitliche Ordnung, und den Rhythmus des Films hat der Tonfilm größere Differenzierungsmöglichkeiten hervorgebracht. Z. B. lassen sich Spannung oder Reaktionen eines Gesprächspartners anhand des Tons frühzeitig andeuten. Somit wird eine flüssigere Inszenierung ermöglicht, denn die Schnitte, die im Stummfilm auffällig erschienen, können durch den Ton vorweggenommen werden. Der Ton kann also von der primären Beachtung des Bildes ablenken und somit fließendere Bildübergänge ermöglichen. Das leistete einen entscheidenden Beitrag dazu, daß der Schnitt sich weiter in Richtung "unsichtbarer Schnitt" entwickelte. Die Form der klassischen Narration konnte als Découpage classique ihre Position weiter festigen. Reisz / Millar weisen darauf hin, daß die deutschen Regisseure der zwanziger Jahre die fließendere Erzählung bereits im Stummfilm versucht hatten, indem sie Kamerabewegungen benutzten.[257]

Durch einen über die Bilder gelegten Kommentar (*voice-over*), kann ein Teil der Narration an den Erzähler übergeben werden. Außerdem kann durch den Kommentar eine Erzählung zu einer Ich-Erzählung gemacht werden.[258] Insofern sorgt der Filmton für ein größeres Identifikationsangebot für den Zuschauer.

Kritiker des Tonfilms sahen ihn zu sehr in der Nähe des Theaters oder fürchteten, er würde die klassischen Narrationsprinzipien durch die Verstärkung der Dreidimensionalität des Films verdrängen. Das einzige Montageverfahren, das verdrängt wurde, war jedoch das stark fragmentierende, wie das der Russen.[259] Außerdem fielen Kreisblenden, Bildmasken und kurze Rückblenden, die zur Stummfilmzeit üblich waren,

---

[253]vgl. Bazin, A.: Die Entwicklung der kinematografischen Sprache. a. a. O., S. 35
[254]ebd., S. 31
[255]ebd., S. 39
[256]ebd., S. 43
[257]vgl. Reisz, K.; Millar, G.: Geschichte und Technik der Filmmontage. a. a. O., S. 39f.
[258]vgl. Peters, J. M.: Theorie und Praxis der Filmmontage von Griffith bis heute. a. a. O., S.44
[259]ebd., S. 44f.

weg, denn sie betonten zu sehr die Filmform im Gegensatz zum Inhalt. Und gerade der sollte bei der Découpage classique möglichst realistisch und flüssig vermittelt werden.[260]

Die Theoretiker sprachen aber nicht ausschließlich von einer Überbetonung des Filmtons gegenüber dem Bild. Eine entgegengesetzte Position wird ebenfalls vertreten. Godard erklärt, daß der Filmton auf theoretischem Gebiet seit seiner Erfindung vernachlässigt wurde. Und auch in der Praxis hätte er immer schon unter der "Tyrannei des Bildes"[261] gelitten. Er forderte daraufhin in seinen theoretischen Arbeiten um 1970 ein ausgewogenes Verhältnis zwischen Bild und Ton auf theoretischem und praktischem Gebiet und experimentierte mit der Beziehung von Ton und Bild.[262]

3.5.2 Der Filmton in der russischen Montage-Doktrin

Die Russen Eisenstein, Pudowkin und der Drehbuchautor, Regisseur und Schauspieler Alexandrow sahen den Filmton bei seinem kontrapunktischen Einsatz zum Bild als eine Bereicherung der Montagemöglichkeiten. Allerdings: Nur wenn die Einwirkung auf den Zuschauer durch den Einsatz des Tons forciert werden kann, ist der Tonfilm zu begrüßen. Wenn Ton und Bild aus kommerziellen Gründen das gleiche ausdrücken würden, wären die Errungenschaften im Bereich der Montage gefährdet.[263]

Die Erfindung des Tonfilms bedeutete für die stark expressionistisch ausgerichteten Montageverfahren das Ende.[264] Ab 1932 war eine Attraktionsmontage, wie die der drei steinernen Löwen bei Eisenstein, oder eine symbolische Einstellung schlecht denkbar gewesen und hätte sich nur noch schwerlich in den Film eingefügt.[265] Die Vermittlung von Inhalten durch diese Montageverfahren war nicht mehr zeitgemäß und konnte nun besser durch den Ton ausgedrückt werden.

3.6 Das Ende der Klassik

Dadek bezeichnet die bisher beschriebenen Montagerichtungen als Klassik. Die nachfolgende, *realistische* Strömung entwickelte sich, beginnend in den zwanziger Jahren, bis hin zum stilistisch voll ausgereiften *italienischen*

---

[260]vgl. Reisz, K.; Millar, G.: Geschichte und Technik der Filmmontage. a. a. O., S. 38.
[261]vgl. Monaco, J.: Film verstehen. a. a. O., S. 371
[262]ebd., S. 371f.
[263]vgl. Eisenstein, S.; Pudowkin, W.; Alexandrow, G.: Die Zukunft des Tonfilms. S.154ff. Ein Manifest. 1928. in: Eisenstein, S.: Das dynamische Quadrat. a. a. O., S. 154 - 156.
[264]vgl. Bazin, A.: Die Entwicklung der kinematografischen Sprache. a. a. O., S. 43
[265]ebd., S. 35

Neorealismus.[266] Dieses Kapitel soll die Entwicklung nachzeichnen und anhand von Beipielen illustrieren.

3.6.1 Vorläufer des Umbruchs: Die Entwicklung von 1920 - 1940

Bereits in den zwanziger und besonders ab Beginn der dreißiger Jahre gab es eine Abkehr von der Montage-Doktrin, deren Verfechter in erster Linie die Russen waren. Man distanzierte sich vom Manierismus des Montagefilms und wandte sich zunehmend realistischen Techniken zu. [267] Zunächst soll kurz die Ausgangsposition, aus der eine "realistische Formdoktrin"[268] entstand, beschrieben werden.

3.6.1.1 Die Situation zwischen 1920 und 1940

Der Trend zum *Realismus* war zwischen 1920 und 1940 bereits vorhanden, aber noch nicht stark genug, um stilbildend zu werden.[269] André Bazin fühlte sich sehr zur realistischen, vor allem zur italienischen, neorealistischen Filmkunst der vierziger Jahre hingezogen.[270] Er unterscheidet von 1920 - 1940 zwei Strömungen des filmischen Darstellens:[271]

1.   Die Montage kann den Einstellungen einen Sinn geben, der nicht im einzelnen Bild vorhanden ist. Damit meint Bazin nicht nur die russische Montageauffassung, wie z. B. Eisensteins Attraktionsmontage. Er spricht auch von der 'beschleunigten Montage', die durch ein gesteigertes Montagetempo eine Geschwindigkeitsillusion erzeugen (z. B. "La Roue" von Abel Gance, 1922). Auch die von Griffith etablierte, und im Bereich der Découpage classique häufig angewandte Parallelmontage zählt er dazu. Selbst die "unsichtbaren Schnitte" der Découpage classique fallen unter diesen Punkt. Sie analysieren zwar "nur" die stoffliche Logik eines Geschehens, aber sie beeinflussen den Zuschauer durch den Blickpunkt, den der Regisseur anbietet. Der Expressionismus dieser Montagetechniken, allen voran der russischen, liegt in der Sinnbildung durch die Montage.

2.   Der Bildaufbau wird von anderen Regisseuren möglichst realistisch gestaltet. Durch die Montage soll den Bildern kein Sinn aufgedrückt werden. Die mise-en-scene ist das wichtigste Element des realistischen Films.[272] Auf diese Filmform wird in den folgenden Kapiteln näher eingegangen werden.

---

[266]vgl. Dadek, W.: Das Filmmedium. a. a. O., S. 238
[267]ebd., S. 238
[268]ebd., S. 238
[269]ebd., S. 266
[270]vgl. Monaco, J.: Film verstehen. a. a. O., S. 363
[271]Die nachfolgende Auflistung, wenn nicht anders angegeben: vgl. Bazin, A.: Die Entwicklung der kinematografischen Sprache. a. a. O., S. 28ff.
[272]vgl. Monaco, J: a. a. O., S. 363

Allgemein beschreibt Bazin die gemeinsame kinematographische Sprache der dreißiger Jahre als die amerikanische.[273] Diese befindet sich in seiner Zweiteilung, wie beschrieben, unter Punkt 1. Um 1938 war sie so perfektioniert, daß 'Bild und Ton eine totale Einheit' bildeten und der Film zu einer ausgereiften, 'klassischen Kunst'[274] geworden war. Die Auswirkungen des Tonfilms zugunsten des Realismus und zum Nachteil der Montage-Doktrin sind ja bereits beschrieben worden.

3.6.1.2 Die Vorbereiter des Umbruchs

Die bewußte Arbeit mit der *Tiefenschärfe*, die die Montage entscheidend zurückdrängen konnte, trat zum ersten Mal schon 1917 bei *Germaine Dulac* in dem Film "Ames de Fous" auf.[275] Ähnliche "Einzelgänger" sind der Dokumentarist *Robert Flaherty* ("Nanook of the North" / "Nanuk, der Eskimo", 1922), *Carl Theodor Dreyer, Erich von Stroheim* und *Friedrich Wilhelm Murnau*.[276] Bazin hebt besonders die Wichtigkeit der beiden letzteren in den zwanziger Jahren hervor.[277] Von Stroheim wird noch näher behandelt werden. Murnau verbindet in "Sunrise" (1927) und "Tabu" (1929/31) den Realismus mit dem Theatralischen.[278] Für Bazin macht ihr Werk die fruchtbarste Phase des Stummfilms aus, da sie die 'realistische Wiedergeburt der Erzählung ermöglichten'.[279] Peters weist darauf hin, daß Bazin mit dem italienischen Neorealismus eine noch realistischere Verfilmung als die dieser beiden favorisierte.[280]

Eine wichtige Person der dreißiger Jahre ist *Jean Renoir*, der die klassische Montage durch seine tiefenscharfe, ausgefeilte Bildkomposition teilweise aufhob ("La Bête Humaine" / "Bestie Mensch", 1938; "La Régle du Jeu" / "Die Spielregel", 1939). Er nutzte außerdem Fahr- und Schwenktechniken, die vom neorealistischen Film vervollkommnet werden sollten.[281] Somit hebt er die zeitliche und räumliche Kontinuität und die Dauer der Geschehnisse hervor.

Der Stilumbruch, der sich in den zwanziger Jahren bei von Stroheim und Murnau andeutet, wurde in den dreißiger Jahren durch Renoir fortgeführt. In den Vierzigern kommt diese Tradition durch *Orson Welles* und *William Wyler*

---

[273]vgl. Bazin, A.: Die Entwicklung der kinematografischen Sprache. a. a. O., S. 31
[274]ebd., S. 33
[275]vgl. Dadek, W.: Das Filmmedium. a. a. O., S. 41
[276]ebd., S. 41f.
[277]vgl. Reisz, K.; Millar, G.: Geschichte und Technik der Filmmontage. a. a. O., S. 190
[278]vgl. Monaco, J.: a. a. O., S. 262
[279]vgl. Bazin, A.: Die Entwicklung der kinematografischen Sprache. a. a. O., S. 43
[280]vgl. Peters, J. M.: Theorie und Praxis der Filmmontage von Griffith bis heute. a. a. O., S.46
[281]vgl. Dadek, W.: Das Filmmedium. a. a. O., S. 136

zum Durchbruch. In Europa machten später *Michelangelo Antonioni* und die Neorealisten *Roberto Rossellini, Vittorio de Sica* und *Luchino Visconti* Filme nach dieser Art.[282]

3.6.2 Die Anwendung der realistischen Formen vor dem Stildurchbruch bei von Stroheim

Erich von Stroheim ist ein wichtiger Vertreter des filmischen Realismus der zwanziger Jahre. Er verschrieb sich dieser Filmform zu einer Zeit, als die expressionistische Montage die überragende Position vor der mise-en-scene einnahm. Das aus seinem Werk ausgewählte Beispiel zeigt den realistischen Stil vor dem Durchbruch in den vierziger Jahren.

3.6.2.1 Die Charakteristika der Filme von Stroheims

Von Stroheim übernahm 1918 zum ersten Mal die Regie eines Films. Von den bis 1933 begonnenen Filmen konnte er nur einen nach seinen Wünschen realisieren. Die anderen wurden auf Druck des Studios von anderen Regisseuren verstümmelt.[283] "Greed" (1923) wurde von 42 auf zehn Filmrollen heruntergekürzt.[284]

Alle seine Filme beschäftigen sich klischeehaft mit der Bedrohung der Frau und der Liebe durch patriarchale Gleichgültigkeit und skrupellose Verführungskunst. Bestimmte Szenen seiner Filme sind so stereotyp, daß sie sich fast untereinander austauschen ließen. Trotz der einfachen Schemen gelingt es ihm, Szenen zu schaffen, in denen jedes Motiv die Aussage des Ganzen widerspiegelt.[285] Er erkannte als einer der ersten Regisseure, daß der Zuschauer das Gesehene gedanklich fortführen können sollte.[286] Er verstand das Leben als 'unlösbares Rätsel, das durch den Film kommentiert werden kann, um tragische Zustände menschlicher Existenz darzustellen.'[287]

Die Montage seiner Filme wird oft als einfallslos bezeichnet, denn die Kamera bestimmt zusammen mit dem dargestellten Gegenstand die Szene. Die Aneinanderreihung der Einstellungen in seinen Filmen leugnet nach Ansicht von Gregor / Patalas Entwicklungen und Dialektik der Charaktere und Situationen.[288] Einfallsreich zeigte sich von Stroheim hauptsächlich bei der Anwendung von Blenden. Neben den kreisförmigen Irisblenden wandte er

---

[282] vgl. Reisz, K.; Millar, G.: Geschichte und Technik der Filmmontage. a. a. O., S.190
[283] vgl. Gregor, U.; Patalas, E.: Geschichte des Films. a. a. O., S. 127
[284] vgl. Curtiss, Thomas Quinn: Von Stroheim. London. 1971. S. 178ff.
[285] vgl. Gregor, U.; Patalas, E.:a. a. O., S. 133
[286] vgl. Monaco, J.: Film verstehen. a. a. O., S. 262
[287] vgl. Curtiss, T. Q.: Von Stroheim. a. a. O., S. 175
[288] vgl. Gregor, U.; Patalas, E.: a. a. O., S. 134

verschiedene Variationen an, z. B. eine das Bild verkleinernde "Schiebeblende" oder eine Blende in der Form einer Teekanne.[289] Der Vernachlässigung des Schnitts steht die Betonung des Realismus der mise-en-scene gegenüber. Von Stroheim wird in diesem Zusammenhang auch als *Naturalist* bezeichnet, denn er nutzte Originaldrehorte und viele realistische Details, um so überzeugend realistisch wie möglich darzustellen.[290]

In seinen Filmen "Foolish Wives" ("Närrische Weiber", 1921), "Greed" (1923) und "The Wedding March" ("Der Hochzeitsmarsch", 1928) widerspricht von Stroheim dem ökonomischen Trend, indem er die realistischen Techniken der Tiefenschärfe und der komplexen Inszenierung einsetzt und an Originalschauplätzen dreht.[291]

Von Stroheim lobte in einem Nachruf auf Griffith dessen Realismus bei Dekorationen, Kostümen und der Darstellung von Sitten und Gebräuchen. Man kann hier jedoch eine Beschreibung seiner eigenen Einstellung zum Filmemachen erkennen.[292]

Der Naturalismus in der Darstellung ermöglichte allerdings kaum die Vermittlung von tieferen Bedeutungen. Von Stroheim bediente er sich deshalb "unrealistischer", symbolischer Montagen, wie z. B. einer Katze, die einen Vogelkäfig belauert und anspringt, als Symbol für eine Intrige.[293] Diese Symbole sind in den Inhalt der Geschichte einbezogen und haben ihren Platz in der mise-en-scene. Die Vögel gehören z. B. zum Haushalt der Hauptpersonen in "Greed".

Von Stroheim vertritt die typischen Mermale des filmischen Realismus, indem er die Montage zugunsten einer möglichst realistischen Darstellungsweise vernachlässigt. Der Gegensatz zu Eisenstein scheint auf der Hand zu liegen. Dennoch gibt es auch eine Verwandtschaft zu ihm. Diese zeigt sich in erster Linie an den gesellschaftskritischen Absichten der beiden Regisseure und daran, daß beide, vor allem von Stroheim, nicht alle ihre Projekte wie geplant zu Ende bringen konnten.[294]

3.6.2.2 Der Realismus in "Greed"

"Greed" ist der einzige Film von Stroheims, der über seine sonst so platten,

---

[289]vgl. Furler, A.; Ruggle, W.; Vogler, R.: Kinozeit. 100 Jahre an 50 Filmen. a. a. O., S. 21
[290]vgl. Gregor, U.; Patalas, E.: Geschichte des Films. a. a. O., S. 134
[291]vgl. Monaco, J.: Film verstehen. a. a. O., S. 262
[292]vgl. Gregor, U.; Patalas, E.: a. a. O., S. 134
[293]ebd., S. 134
[294]vgl. Weinberg, Herman G.: The Complete Greed. New York. 1972. Foreword (ohne Seitenangaben). S. 2

erzählerischen Schemen herausgeht.[295] Er ist die Adaption des naturalistischen Romans "McTeague" von Frank Norris. Die Thematik paßt zu von Stroheims gesellschaftskritischer Haltung in allen seinen Filmen: Die Protagonistin Trina entwickelt aufgrund der Plumpheit und des Jähzorns ihres Mannes McTeague ein perverses Verhältnis zum Geld.[296] Er wurde 1958 in die Liste der zehn besten Filme aller Zeiten aufgenommen. Von Stroheim selber nennt ihn den 'einzigen wirklichen Film, den er in seinem Leben gemacht hat und den niemand jemals sah'[297], weil er extrem stark gekürzt wurde. Von Stroheims Wunsch, 'die Dinge an sich und auf keinen Fall den Schein der Ereignisse'[298] zu zeigen, ließ die Spieldauer des Films auf 9 1/2 Stunden bei der ersten Aufführung im Januar 1924 anwachsen.[299] Durch die radikale Verstümmelung kann die erzählerische Tiefe in der übriggebliebenen, kurzen Filmfassung nicht mehr vermittelt werden.

Von Stroheims Erzählweise zielte auf die "Realität der Zeit"[300], nicht nur auf die Realität der Kostüme, Drehorte usw. Mitry nennt ihn deshalb den 'ersten Film von authentischer Dauer.'[301] Folglich waren auch dramatische Effekte nicht so wichtig, sondern vielmehr die kontinuierliche Linie der Geschehnisse. Deshalb beschrieb von Stroheim ausführlich, wie die Charaktere zu dem wurden, was sie sind. Das dargestellte Leben der Charaktere wird somit so authentizitätsnah, daß es als eigenständige Existenz funktionieren könnte.[302] Zu diesem Zweck machte von Stroheim Norris' Geschichte im Film noch komplexer als im Roman. Besonders McTeagues Vorgeschichte wird detailliert geschildert, um ihn als "runden" Charakter darzustellen. Von Stroheim integrierte zusätzlich noch Nebenhandlungen, die dazu beitragen sollten, die amerikanische Gesellschaft vom Blickwinkel der untersten Schichten aus zu sehen.[303]

"Greed" wurde an Originalschauplätzen in San Francisco und Umgebung und unter schwierigsten Bedingungen im Tal des Todes gedreht.[304] An den Originalschauplätzen, z. B. der Zahnarztpraxis mit dem entsprechenden Schild, konnten sogar Personen, die wirklich auf den Zahnarzt McTeague warteten, in die Szene integriert werden.[305] Der Realismus in bezug auf die

---

[295]vgl. Gregor, U.; Patalas, E.: Geschichte des Films. a. a. O., S. 134
[296]ebd., S. 133
[297]vgl. Weinberg, Herman G.: a. a. O., Buchumschlag vorne, ohne Seitenangabe.
[298]vgl. Jacobsen, Wolfgang; Belach, Helga; Grob, Norbert: Erich von Stroheim. Berlin. 1994. S.89ff.
[299]vgl. Weinberg, Herman G.: a. a. O., Foreword (ohne Seitenangaben). S. 3
[300]vgl. Jacobsen, W.; Belach, H.; Grob, N.: a. a. O., S. 94
[301]ebd., S. 94
[302]ebd.., S. 85f.
[303]ebd., S. 89ff.
[304]vgl. Curtiss, T. Q.: Von Stroheim. a. a. O., S. 162 u. 176ff.
[305]ebd., S. 167

Darstellung einer Tonkulisse zeigt sich an den singenden Menschen, Musikautomaten oder phonetisch wiedergegebenen Zwischentiteln.[306]

3.6.2.3 Ein Beispiel aus "Greed"

Die Hochzeitsszene ist in erster Linie klassisch aufgelöst worden, aber auch realistische Formelemente sammeln sich hier. Der Einsatz von Totalen, ein ausgeprägtes räumliches Arrangement und die Tiefenschärfe sind wichtige Bestandteile der Szene. Auf diese Elemente als Vorläufer des Umbruchs der vierziger Jahre möchte ich hier näher eingehen. Kamerabewegungen sind selten und geringfügig (Nr. 2, 22). In Nr. 2 beginnt von Stroheim die Szene mit einer Irisblende auf dem Ehering. Während die Kamera zurückweicht, öffnet sie sich langsam um zu zeigen, daß Mac ihn in der Hand hält.

In vielen Totalen finden mehrere Handlungen gleichzeitig statt, so daß der Zuschauer auswählen muß, was er im einzelnen betrachtet. Außerdem betont diese Darstellung die Gleichzeitigkeit der Handlungen. Z. B. wird dem Zuschauer in Einstellung Nr. 7 klar, daß die letzten Vorbereitungen noch getroffen werden, während die Gäste schon warten und sich unterhalten. Weitere Beispiele für mehrere Handlungen in einer Einstellung sind Nr. 4, 23, 41 und 44. Gemäß der klassischen Montage wären die verschiedenen Handlungen nacheinander gezeigt worden. Hier wird aber diese Montage ins Bild miteinbezogen, so daß man von "innerer Montage" sprechen kann. Von Stroheim zeigt sich somit als Vorläufer des Umbruchs, dessen besondere formale Qualitäten im folgenden noch näher beschrieben werden.

Ein Sonderfall der inneren Montage liegt in den tiefenscharfen Einstellungen Nr. 44 - 46 vor. Hier wird die Hochzeit in den 32 Sekunden mit einer gleichzeitigen Trauerprozession im Hintergrund visuell verbunden und zugleich kontrastiert. Beide Ereignisse finden in einer Einstellung statt. In Einstellung Nr. 45 wird jedoch näher auf die Prozession hingewiesen, indem von der Hochzeit auf sie überblendet wird. Diesen Standortwechsel kann man auch als cut-in bezeichnen, da sich die Kamera auf der gleichen Achse an das Hintergrundgeschehen annähert. Sie rückt so nah, daß das Vordergrundgeschehen ausgespart wird. Wichtiger ist aber die inhaltliche Verbindung, die durch die Überblendung auf die Sargträger mit dem Sarg erreicht wird. Zusammen mit der Trauermusik wird, wenn auch kurz, sogar die Hochzeit ganz verlassen und völlig im Kontrast zu dem "freudigen Ereignis" die Stimmung einer Trauerfeier wiedergegeben. Die lange, viersekündige

---

[306]vgl. Gregor, U.; Patalas, E.: Geschichte des Films. a. a. O., S. 134

Überblendung zurück zur Hochzeit überträgt den unheilvollen Grundton der Prozession, der als Hintergrundgeschehen und durch die Musik noch fortgesetzt wird, auf die vollbrachte Heirat, die der Pfarrer nun segnet. Wie sich im späteren Verlauf des Films zeigen wird, bringt ihre Vermählung dem Paar wirklich den Tod, und das böse Omen der gleichzeitigen Trauerprozession bewahrheitet sich. Der Trauerzug hat folglich symbolischen Charakter für die Bedeutung der Beziehung der beiden zueinander.

Diese Sequenz beinhaltet also zugleich die innere Montage, die Parallelmontage zweier abwechselnd gezeigter, gleichzeitiger Geschehen und die symbolische Montage. In Nr. 59 wird das Bildmotiv der Prozession noch einmal in Erinnerung gerufen, aber nicht mehr durch das musikalische Trauermotiv verstärkt. Scheinbar geht die Feier normal weiter, aber der unheilvolle Beigeschmack setzt sich in Trinas Verhalten (Nr. 60, 62) und dem ignoranten Verhalten der Gäste Mac gegenüber (Nr. 63) fort.

Die häufigen Nahaufnahmen der Personen dienen der Hervorhebung ihrer persönlichen, emotionalen Beteiligung. Es wird aber auch auf Nahaufnahmen verzichtet, wenn die Situation betont werden soll, z. B. als die Hochseitsgäste nur Trina gratulieren und sich ausschließlich ihr zuwenden (Nr. 63). Bezüglich der Großaufnahmen von Frauen bei von Stroheim stellen Gregor / Patalas fest, daß sie eine große Affinität zu Griffiths Großaufnahmen aufweisen.[307]

3.6.3 Der Umbruch in den vierziger Jahren: Orson Welles

Orson Welles spielt eine große Rolle für die Ablösung der klassische Montage, denn er betonte in seinen Filmen besonders die Bildregie.[308] Er setzte die alternativen, realistischeren Darstellungsweisen der "Plansequenz"[309], Tiefenschärfe und des Weitwinkels durch und machte sie der Découpage classique ebenbürtig. Die Bedeutung von Welles' ersten Film "Citizen Kane" (1941) für die Filmgeschichte ist sehr groß. Mit diesem Film beginnt die neue Phase der Filmsprache, die nun nicht mehr allein durch die Découpage classique beherrscht wird.[310]

Neben Welles trug William Wyler zur Durchsetzung des Stilumbruchs und Etablierung realistischer Techniken bei.[311]

3.6.3.1 Was macht den Umbruch aus?

Die wesentlichen Formelemente sind bereits im vorherigen Kapitel erwähnt

[307]vgl. Gregor, U.; Patalas, E.: Geschichte des Films. a. a. O., S. 134
[308]vgl. Dadek, W.: Das Filmmedium. a. a. O., S. 42
[309]vgl. Bazin, A.: Die Entwicklung der kinematografischen Sprache. a. a. O., S. 41
[310]ebd., S. 41
[311]vgl. Dadek, W.: a. a. O., S. 266

worden. Hier sollen sie gesammelt in einen ausführlicheren Zusammenhang gebracht werden.

Formal zeigt sich der Fortschritt an der planvollen Benutzung der *Tiefenschärfe* und der einhergehenden ausgefeilten Bildkomposition (*mise-en-scene*). Die Montage wird somit in die Bildgestaltung miteinbezogen (*"Montage innerhalb des Bildes"*, *"innerer Schnitt"*[312], *"innere Montage"* / *"découpage en profondeur"* [313]) Das eröffnet die Möglichkeit der Einheit von Raum und Zeit in einer Einstellung.[314] Diese ausgedehnten Einstellungen, die eine ganze Sequenz in sich aufnehmen, werden auch *"Einstellungs-Sequenzen"*[315] genannt oder mit dem von Bazin geprägten Begriff *Plansequenz* bezeichnet. Diese Plansequenzen können auch *Fahrten* oder *Schwenks* der Kamera aufweisen.[316] Auch der Einsatz eines *Weitwinkelobjektives* ermöglicht die Erweiterung des Bildinhaltes. Die Einstellung ist nun zwar immer noch technisch, aber nicht mehr dramaturgisch die kleinste Einheit, denn der erweiterte, bildliche Inhalt einer einzelnen Einstellung zeigt viele Aspekte, die die Montage nur aneinanderreihen konnte.[317]

Als Beispiel für eine Plansequenz mit innerer Montage nennt Bazin die Szene aus Welles' "Citizen Kane", in der der Selbstmordversuch von Kanes Frau entdeckt wird.[318] Hier werden in einer Einstellung ohne Kamerabewegungen drei Bildebenen genutzt: eine Arzneiflasche im Vordergrund, der ins Zimmer stürzende Kane im Hintergrund und die dahindämmernde Susan in der Mitte. Dadek weist im Gegensatz zu Bazin darauf hin, daß die innere Montage durch einen "Einstellungswechsel mittels Fahrt oder Schwenk ohne Schnitt"[319] geprägt ist.

Welles und Wyler legten großen Wert auf die Kontinuität der Schnitte in den Sequenzen, die aus mehreren Einstellungen bestanden.[320] Ihr besonderes Verdienst ist, daß der reale Zeitverlauf innerhalb ihrer Plansequenzen nicht mehr in seiner Kontinuität verändert wurde. Durch die langen Plansequenzen und die erweiterte Tiefenschärfe wurde also nicht nur eine realistischere Darstellung der Wirklichkeit, sondern auch eine zeitlich größere Authentizität ermöglicht. Obwohl bereits von Stroheim die "Realität der Zeit" angestrebt

---

[312]vgl. Dadek, W.: Das Filmmedium. a. a. O., S. 266
[313]vgl. Bazin, A.: Orson Welles. Mit einem Vorwort von Francois Truffaut. Wetzlar. 1980. S.126
[314]vgl. Bazin, A.: Die Entwicklung der kinematografischen Sprache. a. a. O., S. 37
[315]vgl. Dadek, W.: a. a. O., S. 137
[316]vgl. Rother, R.: Sachlexikon Film. a. a. O., S. 231
[317]vgl. Dadek, W.: a. a. O., S. 136f.
[318]vgl. Bazin, A.: Die Entwicklung der kinematografischen Sprache. a. a. O., S. 41
[319]vgl. Dadek, W.: a. a. O., S. 137
[320]ebd., S. 265

hatte, waren seine Filme noch von der klassischen Montage dominiert worden. Dank Welles konnte von nun an innerhalb der Plansequenz die reale Dauer von Geschehnissen gezeigt werden, nachdem sie durch die Montage immer zu einer abstrakten Zeit geworden war. Anhand dieser zeitlichen Kontinuität stellt Bazin den Unterschied zwischen Welles und Wyler und den Wegbereitern des Realismus, von Stroheim und Murnau fest.[321]

Bei der Hinwendung zur räumlichen und zeitlichen Kontinuität handelte es sich nicht einfach um eine Rückkehr zur single-shot-scene im zu Beginn dieser Arbeit beschriebenen Sinn. Die realistische Form wird als Neuentdeckung und nicht bloß als Wiederentdeckung der ältesten Techniken bezeichnet.[322] Während es nach dem damaligen Stand der Technik nur die Tiefenschärfe gab, wurde sie seit dem Umbruch bewußt eingesetzt, um entsprechende Effekte zu erzielen.[323] Für Bazin ist sie "ein dialektischer Fortschritt in der Geschichte der kinematographischen Sprache"[324], denn sie ist 'ökonomischer, einfacher und gleichzeitig subtiler und ermöglicht trotzdem die intellektuellen Beziehungen des Zuschauers zum Bild.'[325]

Bei den beschriebenen, realistischen Darstellungsformen gerieten die manipulativen Möglichkeiten der Montage, wie sie von Eisenstein vertreten wurden, in den Hintergrund. Den Einstellungen wurde kein Sinn mehr durch die sie umgebenden Einstellungen aufgedrückt. Sie wurden nicht mehr "eindeutig gemacht", so wie man es vom Kuleschow-Effekt her kannte.[326]

Trotz des offensichtlichen Gegensatzes zur russischen Montage-Doktrin fordert auch die derartige Vernachlässigung der Montage den Zuschauer intellektuell:

Im tiefenscharfen Bild gibt es keine unscharfen Bereiche mehr. Alle Objekte und Personen sind mit gleichmäßiger Schärfe dargestellt. Folglich wird ihr Verhältnis zueinander im Bildraum wichtiger, als es bei der Betonung der Montage jemals war. Aus diesem komplexen, alle Elemente gleichwertig darstellenden Bild muß der Betrachter selbst auswählen, wo der dramatisch relevante Bereich des Bildes liegt.[327] Der Schnitt zeigt dem Betrachter nicht, was er beachten soll und was gerade wichtig ist. Der Zuschauer gibt dem Gesehenen durch seine Aufmerksamkeit und sein Beobachtungsvermögen einen Sinn. Es liegt auf der Hand, daß die Bilder dadurch vieldeutiger werden können. Für Bazin setzt die realistische Struktur des Bildes den Zuschauer in

---

[321]vgl. Bazin, A.: Die Entwicklung der kinematografischen Sprache. a. a. O., S. 43
[322]vgl. Dadek, W.: Das Filmmedium. a. a. O., S. 266.
[323]ebd., S. 40
[324]vgl. Bazin, A.: Die Entwicklung der kinematografischen Sprache. a. a. O., S. 37
[325]ebd., S. 37
[326]ebd., S. 40
[327]vgl. Beller, H.: Aspekte der Filmmontage. a. a. O., S. 29

ein engeres Verhältnis zum Bild als zur Realität.[328]

In diesem Zusammenhang weist Fischer darauf hin, daß man die Fähigkeiten des Zuschauers nicht überschätzen und die sinngebenden Eigenschaften der inneren Montage nicht unterschätzen sollte. Diese Über- bzw. Unterschätzung könnte man André Bazin vorwerfen.[329]

3.6.3.2 Die Struktur von "Citizen Kane"

Der Gesamtaufbau des Films zeigt den auffallend großen Unterschied zu anderen Filmen:[330]

Sequenz Nr.	Inhalt	Dauer	Absolute Zeit
1	Kane stirbt auf seinem Wohnsitz Xanadu	2'30	bis 2'30''
2	Ein "News on the march"-Film berichtet über sein Leben. Reporter wollen untersuchen, wer und was er war.	9'57	bis 12'27''
3	Kane's zweite Frau Susan im betrunkenen Zustand / ihre beruflichen Fehlschläge	2'48	bis 15'15''
4	Sein Vormund Thatcher über Kane's Kindheit, seine Tätigkeit bei seiner Zeitung "Inquirer" und deren Ruin.	12'25	bis 27'40''
5	Sein ehemaliger Angestellter Bernstein berichtet von Kane's Karriere mit dem "Inquirer" und seiner ersten Ehe.	18'22	bis 46'02''
6	Sein ehemals bester Freund Leland spricht über seine beiden Ehen und seinen politischen Ehrgeiz.	34'20	bis 1h20'22''
7	Seine zweite Frau Susan spricht über ihre gescheiterte Ehe und Karriere.	20'56	bis 1h41'18''
8	Der Nachlaß-Verwalter Raymond über Kanes letzte Zeit auf Xanadu	9'25	bis 1h50'43''

---

[328]vgl. Bazin, A.: Die Entwicklung der kinematografischen Sprache. a. a. O., S. 40
[329]vgl. Fischer, Jens Malte: "Citizen Kane" - eine Filmanalyse. S. 117 in: ders.: Filmwissenschaft - Filmgeschichte. Studien zu Welles, Hitchcock, Polanski, Pasolini und Max Steiner. Tübingen. 1983. S. 107 - 133.
[330]Inhalt der folgenden Tabelle (außer den Zeiten): vgl. Heim, Jo: Die Montage bei CITIZEN KANE. Makroanalyse eines Klassikers. S. 192. in: Beller, H.: Handbuch der Filmmontage. a. a. O., S. 190 - 203.

Die Struktur des Films ist von Rückblenden dominiert. Diese sind teilweise so lang, daß sie für den Betrachter den Eindruck der gegenwärtigen Realität erwecken, so daß der Rahmen wie eine zukünftige Handlung wirkt.[331] Die fragmentarische Oberfläche des Films korrespondiert mit der Aufgabe des Reporters Thompson, der alle Fakten über Kanes Leben sammelt, um die Bedeutung seines letzten Wortes "Rosebud" herauszufinden. Dieses Puzzle-Motiv taucht in Details immer wieder auf, z. B. wenn Susan ein Mosaikspiel spielt oder nach Kanes Tod seine gesammelten Kunstwerke beieinander stehen.[332]

3.6.3.3 Plansequenzen, Tiefenschärfe, Weitwinkel und Montage durch den Ton

Der größte Teil des Films weist Plansequenzen und den beständigen Einsatz der Tiefenschärfe auf. Für die technische Entwicklung einer Speziallinse, die die extrem tiefenscharfen Aufnahmen ermöglichte, hatte Welles' Kameramann Gregg Toland zwei Jahre gebraucht.[333] In den Szenen, die häufig in einer einzigen Einstellung die Einheit von Raum und Zeit wahren, verbindet Welles, dessen Wurzeln im Theater liegen, die Schauspieler mit der Dekoration, so wie es bei Bühnenstücken der Fall ist. Auch die Beziehung zum Protagonisten wird nicht durch den traditionellen Schnitt verstümmelt oder eingeschränkt. Bazin erkennt hier eine wesentlich eindringlichere Art der Darstellung als bei der klassischen Szenenaufteilung. Die physischen Beziehungen zwischen den Charakteren werden offenbar und nicht durch den Schnitt analysiert.[334] Auf diese Weise wird sowohl eine Erweiterung der Darstellung als auch eine Kondensierung vieler Aspekte in einer Einstellung erreicht.[335] Daß Dekor, Schauspieler, Vorder- und Hintergrund nie voneinander getrennt werden, bezeichnet Bazin als *dramatischen Realismus*. Daß die verschiedenen wahrgenommenen Objekte durch den Verzicht auf die Montage wie bei der normalen Wahrnehmung zunächst neutral bleiben, nennt er *psychologischen Realismus*.[336]

Laut Bazin läßt sich "Citizen Kane" nur über die Tiefenschärfe verstehen, da in ihr der Schlüssel zur Interpretation der Bilder vorhanden ist.[337] Sie ist

[331] vgl. Fischer, J. M.: "Citizen Kane" - eine Filmanalyse. a. a. O., S. 114f.
[332] vgl. Buchka, Peter: Kommentierte Filmographie. Citizen Kane. S. 61. in: Jansen, Peter W.; Schütte, Wolfram: Orson Welles. Reihe Film 14. München, Wien. 1977. S. 55 - 148.
[333] vgl. Dadek, W.: Das Filmmedium. a. a. O., S. 42
[334] vgl. Bazin, A.: Orson Welles. Mit einem Vorwort von Francois Truffaut. a. a. O., S. 121ff.
[335] vgl. Buchka, P.: Kommentierte Filmographie. Citizen Kane. a. a. O., S. 63
[336] vgl. Bazin, A.: Orson Welles. a. a. O., S. 132
[337] vgl. Bazin, A.: Die Entwicklung der kinematografischen Sprache. a. a. O., S. 40

folglich nicht nur ein Mittel der Inszenierung, sondern offenbart erst den eigentlichen Sinn der Erzählung. Dadurch schafft sie eine größere Nähe zur literarischen Erzählung als zum Theater.[338] Welles' innere Montage bedient sich häufig der Kamerabewegungen. Mittels dieser könnte aber eine dem Schnitt ähnliche Beeinflussung entstehen, weswegen über die Szene zu viel verraten und der Zuschauer beeinflußt werden könnte.[339] Dann würde die Kamerabewegung die Rolle eines 'fiktiven Schnittes'[340] annehmen. Um das zu verhindern und um die Einheit von Zeit und Raum und den Eindruck einer fortlaufenden, homogenen Realität zu fördern, verzichtet Welles in einigen Situationen auf die Kamerabewegungen.[341]

Bei Welles trägt die Nutzung eines Weitwinkel-Objektives zur Betonung der mise-en-scene und der inneren Montage bei. Die Nutzung von extremen Weitwinkel-Objektiven ermöglichte zusammen mit der Tiefenschärfe auch noch eine *"seitliche Tiefe"* (*profondeur de champ "latérale"*)[342]. Durch die verzerrende und längendehnende Wirkung dieser Objektive wird der Eindruck der Tiefe verstärkt. Außerdem werden Boden und Decke der Räume im Bild gleichzeitig sichtbar, wodurch die Charaktere zu allen Seiten in Verbindung mit dem Dekor gesetzt werden.[343] Es ist aber wichtig, darauf hinzuweisen, daß der scheinbar objektive Gewinn an Räumlichkeit durch den Weitwinkel und die Tiefenschärfe eine expressive Qualität haben kann, indem die Dinge nicht objektiv dargestellt, sondern irreal wirken.[344] Die objektive Raumstruktur wird verzerrt, was sich vor allem an Bewegungen auf der vertikalen Bildachse zeigt, die unnatürlich beschleunigt erscheinen.[345] Hier wird eine gewisse Paradoxie offenbar. Die von Bazin gepriesene, vermeintlich realistischere Darstellungsweise wirkt in diesem Fall verfremdender als die Découpage classique. Bei Welles bewirken die "realistischen" Formtechniken eine unnatürliche Raumstruktur, wohingegen die "diskontinuierliche" Découpage classique eigentlich nur die bruchfreie Erzählung anstrebt und die Wahrnehmung eines unbeteiligten Beobachters nachahmt. In bezug auf die Raumstruktur spielt auch die ausgeprägte Anwendung von Untersichten eine große Rolle, denn sie baut zusammen mit

---

[338] vgl. Bazin, A. : Orson Welles. a. a. O., S. 133
[339] ebd., S. 123
[340] ebd., S. 128
[341] ebd., S. 128f.
[342] ebd., S. 124
[343] ebd., S. 124f.
[344] vgl. Dadek, W.: Das Filmmedium. a. a. O., S. 51f.
[345] vgl. Fischer, J. M.: "Citizen Kane" - eine Filmanalyse. a. a. O., S. 117f.

den weitwinkligen und tiefenscharfen Aufnahmen eine Spannungs- und Konfliktatmosphäre auf. Kane erscheint in der Untersicht sehr mächtig und wird trotzdem noch von seiner Umgebung bedrängt.[346] Welles' Darstellungsweise wird in diesem Zusammenhang auch "tyrannischer Objektivismus"[347] genannt.

Eine weitere wichtige Rolle bei Welles' Montageverfahren spielt der *Ton*. Er trägt nicht nur entschieden zur Dreidimensionalität der Szenen bei, er macht auch die Erzählweise mit den vielen Zeitsprüngen durchgängiger.[348] Z. B. werden Sätze in einer Einstellung angefangen und in der nächsten beendet. Ein von Susan gesungenes Lied dient zur Verknüpfung des Kennenlernens der beiden mit Susans späteren Auftritten unter Kanes Protektion. Sehr interessant ist auch die Verknüpfung des applaudierenden Kane mit ihm applaudierenden Personen, denn der Eindruck entsteht, er applaudiere sich selbst. Bei der Verbindung von Susans mißglücktem Opernauftritt mit ihrem schweren Atem in der Selbstmordszene, könnte der Ton schon an sich die gesamte Geschichte erzählen.

Trotz der Verwendung der realistischen Formelemente verfährt Welles nicht realistischer als von Stroheim oder Murnau, denn er integriert wegen seiner komplizierten technischen Geräte keine wirkliche Realität, wie z. B. *Außenaufnahmen, Originalschauplätze* oder *Laiendarsteller*. Somit erreicht er nicht die Qualität eines Dokuments.[349]

Im Vergleich zu William Wyler sieht Bazin trotz der ähnlichen Formelemente auch Unterschiede. Wylers Bilder in den Filmen "The Best Years of our Lives" ("Die besten Jahre unseres Lebens", 1946) und "The Desperate Hours" ("An einem Tag wie jeder andere", 1955) sind eindeutig, während die Vieldeutigkeit in "Citizen Kane" sich in der Tiefenschärfe widerspiegelt.[350] Welles und Wyler erreichten mit der gleichen Darstellungstechnik der Tiefenschärfe unterschiedliche Ziele.[351] Außerdem nutzte Wyler keine Weitwinkelobjektive, so daß der normale, geringere Winkel nur eine gedrängte mise-en-scene zuläßt.[352]

---

[346]vgl. Bazin, A.: Orson Welles. a. a. O., S. 125
[347]vgl. Dadek, W.: Das Filmmedium. a. a. O., S. 52
[348]vgl. Fischer, J. M.: "Citizen Kane" - eine Filmanalyse. a. a. O., S. 116ff.
[349]vgl. Bazin: Die kinematografische Realismus und die italienische Schule der Befreiung. a. a. O., S. 144
[350]ebd., S. 40
[351]vgl. Dadek, W.: Das Filmmedium. a. a. O., S. 51f.
[352]vgl. Bazin, A.: Orson Welles. a. a. O., S. 124

3.6.3.4 Vermischung von Realismus und intensivem Einsatz der Montage

Den formalen Realismus der Darstellung kombiniert Welles mit den Errungenschaften der expressionistischen Montage und betont damit die abstrakte Form der Erzählung.[353]

Ein Beispiel für den intensiven Einsatz der Montage befindet sich in Sequenz Nr. 6. Hier wird in einer Montagesequenz durch Überblendungen, Reißschwenks und die verknüpfende Tonmontage von Musik und Sprache ein größerer Zeitraum sehr dicht dargestellt. Gemäß dem Schuß-Gegenschuß-Prinzip werden über mehrere Monate hinweg die beiden Ehepartner gezeigt und die Veränderung der morgendlichen Gespräche beschreibt deutlich und schnell deren Probleme. Die Form der Montagesequenz, die gerafft eine längere Zeit oder einen Ortswechsel, z. B. eine Reise, darstellt, war zu dieser Zeit noch recht neu, denn es gab sie erst seit den dreißiger Jahren.[354]

Der "News on the March"-Film in Sequenz Nr. 2 gehört ebenso zu den beschleunigten Passagen. Bazin erkennt, daß die 'episodenhafte Anwendung expressionistischer Montageverfahren innerhalb der Tiefenschärfe, zwischen den Einstellungssequenzen, eben diesen einen neuen Sinn gibt.'[355] Welles nutzt die Montage nicht mehr, um Zeit und Raum möglichst unsichtbar zurechtzuschieben. Sie dient unverhohlen der zeitlichen Kondensierung, ohne den Realismus der Darstellung, der in den zahlreichen Einstellungssequenzen überwiegt, einzuschränken.[356]

Am Rande sei noch Bazins Überzeugung erwähnt, daß Welles' und auch von Stroheims filmische Narration eine Verfilmung von amerikanischen Romanen ermöglichte, die ihnen gerechter wurde, als es bei bisherigen Adaptionen nach Art der Découpage classique der Fall gewesen war. Der italienische Neorealismus ist nach Bazins Meinung die direkte Entsprechung zum amerikanischen Roman.[357]

3.6.3.6 Ein Beispiel aus "Citizen Kane"

Dieser Ausschnitt besteht, trotz seiner Dauer, aus nur zwölf Einstellungen. Er zeigt geballt die unterschiedlichen Formelemente, die den Stilumbruch ausmachen. In den langen Einstellungen vereinigen sich verschiedene Einstellungsgrößen, Kamerabewegungen, Tiefenschärfe, Weitwinkelaufnahmen und ein ausgeprägtes räumliches Arrangement.

---

[353]vgl. Bazin, A.: Die Entwicklung der kinematografischen Sprache. a. a. O. , S. 40
[354]vgl. Rother, R.: Sachlexikon Film. a. a. O., S. 203
[355]vgl. Bazin, A.: Die Entwicklung der kinematografischen Sprache. a. a. O., S. 40
[356]ebd., S. 40
[357]vgl. Bazin, A.: Der kinematografische Realismus und die Schule der Befreiung. a. a. O., S.154f.

Die beiden wichtigsten Personen sind hier Charles und seine Mutter. Nur diese beiden sind auch in Großaufnahmen zu sehen (Anfang von Nr. 7., Nr. 8).

Die psychoanalytischen Elemente der Szene sind wichtig für ihren Sinn: Die Bedrohung der Einheit von Mutter und Kind geschieht hier durch den biologischen und den Ersatz-Vater.[358] In diesem Zusammenhang verdeutlichen die Bewegungen der Charaktere in Nr. 7 ihre inneren, spontanen Entwicklungen. Zuerst befindet sich Charles am rechten Bildrand und die Mutter ganz links. Zwischen beiden stehen die 'beiden Väter'. Charles bewegt sich ganz zu seiner Mutter hin, als ihm die anstehende Trennung bewußt wird. Schließlich steht er sogar hinter seiner Mutter ganz am rechten Bildrand. Es entsteht eine Teilung in zwei Gruppen. Die beiden Gruppen, links die Männer, rechts Charles und seine Mutter, werden zusätzlich noch durch ein im Hintergrund hängendes Triangel und die Kufe des Schlittens in der Bildmitte getrennt. Nachdem Charles die Bedrohung durch die Väter ganz klar ist, rückt er seiner Mutter ganz nah. Dies bildet den entscheidenden Wendepunkt in seiner Kindheit, gegen den er sich zunächst noch verzweifelt wehrt. Diese letzte kindliche Nähe zu seiner Mutter zieht den Schlußstrich unter die schützende Mutter-Kind-Beziehung, die Kane bisher genoß.

Während der Szene bleibt vor allem der biologische Vater im Hintergrund und stellt ein störendes Anhängsel mit unqualifizierten Argumenten dar. Die mise-en-scene verdeutlicht also neben Charles engem Bezug zur Mutter auch die abseitige Position des Vaters.

Die mise-en-scene verdeutlicht anhand der räumlichen Anordnung der Personen deren Ausgrenzug. Welles stellt die Ausgrenzug einer Person durch die innere Montage dar, obwohl der Verzicht auf Schnitte den Plansequenzen einen verbindenden Charakter gibt. Hierzu trägt auch der Weitwinkel bei, der es ermöglicht, verschiedene Einstellungsgrößen in einem Bild zu vereinigen. Z. B. werden im unbewegten Teil der Einstellung Nr. 7 Nahaufnahme und Halbtotale untergebracht, denn Mrs. Kane ist nah zu sehen, obwohl Mr. Kane und Mr. Thatcher relativ weit von ihr entfernt stehen. Im weiteren Verlauf der Einstellung, nachdem die Kamera das Geschehen nach draußen verfolgt hat, erscheint noch einmal eine ähnliche Situation. Als Charles die Mitteilung empfängt, erscheinen die Mutter und Charles als Nahaufnahmen, und im Hintergrund befindet sich der Vater in einer amerikanischen Einstellungsgröße.

Auch die ausgedehnten Kamerabewegungen erweitern die Möglichkeiten der inneren Montage extrem. Ohne Schnitt wird sogar der Standpunkt des

---

[358]vgl. Mulvey, Laura: Citizen Kane. London. 1992. S. 49ff.

Zuschauers von innen nach außen verlegt, so daß komplett veränderte räumliche Bedingungen in einer Einstellung vereinigt werden (Nr. 7). Die Tiefenschärfe ermöglicht in diesem Zusammenhang die gleichmäßige, unbetonte Darstellung aller Charaktere. Keiner wird durch die Unschärfe als unwichtig herabgesetzt. Charles selber ist während der ganzen Einstellung Nr. 6 im Hintergrund präsent.

Der Beginn der Sequenz zeigt, wie Welles die Rückblende einleitet. Der Reporter sitzt am Tisch und liest in den Aufzeichnungen von Mr. Thatcher, die die Rückblende inhaltlich einordnen. Am Ende der Sequenz befindet sich ein Beispiel für die zeitliche Raffung, derer sich Welles oft bedient. Das Motiv des Schlittens verbindet die Trennungsszene mit Charles Aufwachsen bei Mr. Thatcher. Diese große Phase seines Lebens wird in zwei Einstellungen abgehandelt. Dann wird durch den Ton ein großer Zeitsprung überbrückt. Der Satz, den Charles in Nr. 11 beginnt, wird in Nr. 12 von Thatcher zu Ende geführt. An Thatchers fortgeschrittenem Alter erkennt der Zuschauer, daß ein großer Zeitsprung stattgefunden hat. Das bestätigt sich im weiteren Verlauf der Szene, als es um Charles' Antritt des Erbes geht.

3.7 Der italienische Neorealismus
In den vierziger Jahren, gegen Ende des zweiten Weltkrieges, hat sich die beschriebene Hinwendung zum Realismus, nicht nur in den Techniken eines Welles oder Wyler, sondern auch im italienischen Neorealismus als Stil durchgesetzt.[359] Bazin nannte es "das wirklich bedeutende Ereignis der Jahre 1940 - 1950".[360]

3.7.1 Formen und Inhalte des italienischen Neorealismus
Bazin ist der Meinung, daß die neorealistische Themenwahl revolutionärer ist als die neorealistische Filmform. Der revolutionäre Anteil der Themenwahl ist größer als der der Formerneuerung, denn die Form sei nichts anderes als konkordant zum Inhalt.[361]
Im Zuge der Ablehnung aller faschistischen, klischeehaften, kulturellen Doktrinen zeigten die Filme des Neorealismus den Wunsch, die Wahrheit aufzudecken. Sie drückten außerdem politisches Engagement gegen soziale Ungerechtigkeiten aus.[362]
Der Niedergang des Faschismus, eine kritische, politische Opposition und die

---

[359]vgl. Dadek, W.: Das Filmmedium. a. a. O., S. 238
[360]ebd., S. 282
[361]ebd., S. 282
[362]vgl. Tonetti, Claretta: Luchino Visconti. London. 1983 / 1987. S. 36

75

"Resistenza", also die Widerstandsbewegung gegen die Mussolini-Treuen und die Deutschen verursachten das Ende des faschistischen Films und den Beginn des neorealistischen.[363] Der Alltag der "kleinen Leute" stand nun im Mittelpunkt der neuen, realistischen Filme.[364] Die alltagsbestimmenden Themen waren die großen, materiellen und persönlichen Sorgen der Nachkriegszeit.[365] Der *Humanismus* des italienischen Films zeigt sich für Bazin an seiner eher soziologischen als politischen Ausrichtung und seiner Konzentration auf das Individuum.[366] Das humanistische Element der gesamten neorealistischen Kunst offenbart sich am Versuch, einem individuellen Schicksal einen verbindlichen Sinn abzugewinnen.[367]

Wie zuvor bei der Montage-Doktrin in den zwanziger Jahren werden die Filme ausgeprägt theoretisch begründet.[368] Vor allem *Cesare Zavattini* trug zur Theoretisierung des Neorealismus bei. Seine Drehbücher zu "Sciuscià" ("Schuhputzer", 1946), "Ladri di biciclette" ("Fahrraddiebe", 1948) und "Umberto D." (1952) wurden von *Vittorio De Sica* verfilmt.[369] Er soll sich sogar den Neorealismus in letzter Konsequenz gewünscht haben. Sein Traum war, 90 Minuten eines normalen Tages eines Mannes zu filmen, in denen nichts passiert.[370]

Die manipulative Formung des filmischen Materials durch die Montage wird völlig abgelehnt, um die Beeinflussung des Zuschauers zu verhindern.[371] D. h., daß auf jeglichen Expressionismus verzichtet wird.[372] Als Gegenbegriff zur assoziativen Montage wählen Gregor / Patalas den Begriff der *"dissoziierenden Montage"*[373].

Allerdings kann sich auch der Neorealismus nicht ganz von einer sinngebenden Beeinflussung durch den Regisseur freimachen. Wenn sie nicht durch die Montage geschieht, so gibt es doch auch noch andere Formungsmöglichkeiten:

> "(...) in der bewußten Gegenüberstellung einzelner Szenen, in den Kontrastüberblendungen und in einer Fotografie, die den einzelnen

[363] vgl. Gregor, U.; Patalas, E.: Geschichte des Films. a. a. O., S. 230
[364] vgl. Die Chronik des Films, a. a. O., S. 177
[365] vgl. Salje, Gunther: Antonioni. Regieanalyse - Regiepraxis. Röllinghausen. 1994. S. 27
[366] vgl. Bazin, A.: Der kinematografische Realismus und die Schule der Befreiung. a. a. O., S.136
[367] vgl. Gregor, U.; Patalas, E.: a. a. O., S. 237
[368] vgl. Dadek, W.: Das Filmmedium. a. a. O., S. 215
[369] vgl. Monaco, J.: Film verstehen. a. a. O., S. 274
[370] vgl. Bazin, A.: Die Entwicklung der kinematografischen Sprache. a. a. O., S. 42
[371] vgl. Dadek, W.: Das Filmmedium. a. a. O., S. 238
[372] vgl. Bazin, A.: Die Entwicklung der kinematografischen Sprache. a. a. O., S. 41
[373] vgl. Gregor, U.; Patalas, E.: a. a. O., S. 236

immer in eine "objektive" Umgebung hineinstellt, zeigt sich freilich
doch, wenn auch versteckt, die Hand des Regisseurs."[374]

So macht es Rosselini in "Roma, città aperta" ("Rom, offene Stadt", 1945) und
auch Visconti in "La terra trema" ("Die Erde bebt", 1948), indem er 'jede
Geste, jede Gruppierung der Darsteller, jede Einstellung durch seine
Imagination hindurchgehen läßt - durch eben jene Imagination, die Zavattini
so entschieden aus dem Film verbannen wollte.'[375]

Formal widerspricht der Neorealismus sowohl der Professionalität und
Betonung der eingängigen Narration des Hollywood-Kinos als auch der
russischen Montage-Doktrin. Bazin beschreibt diesen Gegensatz als den von
Realismus und Ästhetizismus.[376]
Trotzdem finden sich Übereinstimmungen bei der Einwirkung auf den
Zuschauer. Die intellektuelle Herausforderung durch die Montage-Doktrin und
den Neorealismus, der die mise-en-scene betont, ist bereits beschrieben
worden. Darüber hinaus gibt es eine weitere Übereinstimmung bei den Zielen
der beiden Montageströmungen:
Nicht nur Pudowkin sah den Zweck der Montage im Aufdecken von
Zusammenhängen des realen Lebens. Auch der Zweck des realistisch
orientierten Films der zwanziger und dreißiger Jahre und des neorealistischen
Films der vierziger Jahre ist die Enthüllung, nämlich 'des Sinnes..., der hinter
den Wesen und den Dingen liegt.'[377] Bazin lobt deshalb nicht nur die
neorealistischen Filme als neuartig. Er erkennt auch in den russischen Filmen
den 'Willen zum Realismus, der sie politisch und künstlerisch zu
revolutionären Filmen macht.'[378]
Trotz der Gemeinsamkeiten in der Zielsetzung ist der auffällige, formale
Unterschied, daß die ersteren es durch die Fragmentierung und die letzteren
durch die Wahrung der natürlichen Einheit erreichen wollen.

3.7.2 Roberto Rossellini - eine Hauptperson des Neorealismus
Roberto Rossellini gilt als sehr wichtiger Repräsentant des Neorealismus. Sein
Werk eröffnet den Blick auf weitere typische Ausprägungen des
neorealistischen Films.
Sein Film "Roma, città aperta" gilt aufgrund seiner dokumentarischen

---

[374]vgl. Gregor, U.; Patalas, E.: Geschichte des Films. a. a. O., S. 238
[375]ebd., S. 247
[376]vgl. Bazin, A.: Der kinematografische Realismus und die italienische Schule der
Befreiung. a. a. O., S. 130
[377]vgl. Bazin, A.: Die Entwicklung der kinematografischen Sprache. a. a. O., S. 43
[378]vgl. Bazin, A.: Der kinematografische Realismus und die italienische Schule der
Befreiung. a. a. O., S. 130

Authentizität als besonders wichtig. Hier zeigt sich auch der "Neorealismus reinster Ausprägung"[379], denn nichts scheint arrangiert zu sein. Er entstand unter besonders schwierigen Umständen, während und nach der Besetzung Roms durch die Deutschen. Die Darstellung von *lebensnahen und alltäglichen Situationen*, der Einsatz von *Laiendarstellern*, die *Ablehnung des Startums* und die *einfache Technik*, der *politische Inhalt* und die *Abwendung von der platten Unterhaltung* sind die vorhandenen typischen Elemente des Neorealismus.[380] Sogar die Planung der Szenen im Drehbuch war nicht endgültig und wurde je nach den Gegebenheiten in der Realität des Drehortes verändert. Als Schlagwort kann man hier von einem 'skizzenhaften Reportagestil von großer Natürlichkeit'[381] sprechen. Außer Rosselinis "Roma, città aperta" wurden die meisten neorealistischen Filme keine Publikumserfolge.[382]

Ein weiteres typisches Beispiel ist sein Film "Paisà" (1946), eine Sammlung von sechs Geschichten über die italienische Befreiung durch die Alliierten. Die kleinste Einheit der filmischen Erzählung erkennt Bazin weder in der Episode noch in der Einstellung, sondern in der Tatsache. Diese wird völlig anders dargestellt als die Tatsache bei Eisenstein, die in ihre Einzelteile zerlegt wird. Tatsachen sind für Bazin Fragmente der Realität. Der Mensch hat innerhalb dieser Fragmente keine Sonderposition. Zwischen allen Fragmenten, die sich in der mise-en-scene spiegeln, kann und muß der Betrachter Beziehungen herstellen, um sie zu verstehen und um eine Moral aus der Geschichte zu ziehen. Er wird dabei nicht durch eine Kameraführung oder Schnitttechnik unterstützt, die die subjektiven Blickwinkel des Protagonisten wiedergibt.[383]

Beide Filme von Rosselini weisen durch ihr *episodenhaftes* und teilweise *elliptisches* Vorgehen einen *chronikartigen* Charakter auf.[384]

3.7.3 Luchino Visconti

Auch *Luchino Visconti* ist eine Hauptperson des Neorealismus. Eines der ersten neorealistischen Werke "Ossessione" ("Ossessione - Von Liebe besessen") wurde 1942 von ihm gedreht.[385] Dieser Film warf zum ersten Mal die faschistischen Klischees des 'edlen Italieners'[386] über Bord und zeigte, daß

---

[379]vgl. Gregor, U.; Patalas, E.: Geschichte des Films. a. a. O., S: 237

[380]vgl. Monaco, J.: Film verstehen. a. a. O., S. 274f.

[381]vgl. Bazin: Der kinematografische Realismus und die Schule der Befreiung. a. a. O., 147f.

[382]vgl. Gregor, U.; Patalas, E.: a. a. O., S. 230

[383]vgl. Bazin: Der kinematografische Realismus und die Schule der Befreiung. a. a. O., S. 151f.

[384]vgl. Gregor, U.; Patalas, E.: Geschichte des Films. a. a. O., S. 238

[385]vgl. Tonetti, C.: Luchino Visconti. a. a. O., S. 36

[386]vgl. Gregor, U.; Patalas, E.: a. a. O., S. 234

die Wirklichkeit auch trübselig sein kann.[387] Mit "Rocco e i suoi fratelli" ("Rocco und seine Brüder", 1960) drehte er dann auch eines der letzten Beispiele des neorealistischen Stils.[388] Visconti war von 1943 bis 1945 in der "Resistenza" aktiv.[389]

3.7.3.1 Luchino Viscontis Rolle im Neorealismus und "La terra trema"

Daß der italienische Neorealismus nicht auf die Zeit der "Resistenza" und die Inhalte der letzten Kriegsjahre festgelegt war, zeigt "La terra trema".[390] Damit machte Visconti aus dem Neorealismus der ersten Jahre, dessen Existenz er sich voll und ganz bewußt war, im Jahre 1948 einen auch technisch vollwertigen Stil. Er wollte dem italienischen Neorealismus mit "La terra trema" einen Stil geben, bei dem Form und Inhalt konkordant sind.[391] Formal besteht der Film zum größten Teil aus tiefenscharfen Panoramen und Einstellungssequenzen. Teilweise steht nur das einzelne Bildmotiv im Mittelpunkt, ohne daß die Montage eine Rolle spielt.[392] Laut Bazin wagt Visconti hier eine paradoxe Verbindung: Wie beschrieben hat der ästhetische Realismus der Formtechniken aus "Citizen Kane" keinen dokumentarischen Charakter und dennoch verbindet Visconti ihn in "La terra trema" mit dem dokumentarischen Realismus.[393]

"La terra trema" handelt von der Ausbeutung sizilianischer Fischer durch die Großhändler. Der junge Ntoni will sich selbständig machen, um mehr Geld zu verdienen, woran er jedoch scheitert. Er muß nun wieder bei einem Großhändler anheuern.

Visconti versucht, die sehr komplexe Wirklichkeit, dem Betrachter des Films bewußt werden zu lassen. Die Gleichzeitigkeit aller Dinge in der Realität wird durch Plansequenzen und lange Einstellungen vermittelt, da sich die komplexen Zusammenhänge aller Dinge so am besten zusammenführen lassen.[394] Diese Form, die auf Schnitte verzichtet, tritt zu der beschriebenen "dissoziierenden Montage" des Neorealismus hinzu. Auf dieser Grundlage reift der neorealistische Stil voll aus.

"La terra trema" wird auch dem neorealistischen "Mainstream" zugeschrieben, vor allem, weil Laiendarsteller und der Gebrauch des sizilianischen Dialekts

---

[387]vgl. Gregor, U.; Patalas, E.: Geschichte des Films. a. a. O., S. 236
[388]vgl. Monaco, J.: Film verstehen. a. a. O., S. 274
[389]vgl. Tonetti, C.: Luchino Visconti. a. a. O., S. 34
[390]ebd., S. 36
[391]ebd., S. 36f.
[392]vgl. Dadek, W.: Das Filmmedium. a. a. O., S. 267
[393]vgl. Bazin, A.: Der kinematografische Realismus und die Schule der Befreiung. a. a. O., S.145
[394]vgl. Dadek, W.: a. a. O., S. 165

Hauptbestandteile des Films sind.[395] Eigentlich sollte dieser Film der erste einer sizilianischen Trilogie sein, die jedoch nicht in der zuerst geplanten Form zustande kam. Die nachfolgenden Filme "Rocco e i suoi fratelli" (1960) und "Il Gattopardo" ("Der Leopard", 1963) werden der Trilogie zugeschrieben. "Die Erde bebt" war zuerst als Dokumentation geplant, überschritt aber schnell die geplante Produktionsdauer und die Kosten, die Visconti dann aus Privatvermögen aufbrachte.[396]

Da sowohl die dokumentarische, als auch die narrative Komponente im Film enthalten sind, tauchen einige Widersprüche zwischen der Realität und den Übertreibungen der Realität auf. Z. B. scheinen das Gelächter und die Schadenfreude der Großhändler und der Dorfbewohner für eine Dokumentation übertrieben. Doch sind für eine Narration derartige Übertreibungen zur Verdeutlichung sehr nützlich. Außerdem zeichnet sich "La terra trema" durch die 'anerkennende Darstellung'[397] der Ausdrücke in den Gesichtern der Dorfbewohner aus, die in ihrer Würde, Schönheit und Ästhetik an Realismus nicht zu übertreffen sind.[398] Die Gesichter wirken sowohl im Rahmen der Narration als auch der Dokumentation sehr eindringlich.

Gegen die Betonung des Ästhetischen in "Die Erde bebt" sind Vorwürfe laut geworden, da es von den Mißständen ablenken kann. Auch vom 'Formalismus der Lumpen'[399] ist die Rede. Wenn man aber die ausgeprägte ästhetische Komponente positiv betrachtet, gibt sie dem Film eine größere menschliche Tiefe, die die sozialen Gegebenheiten nicht verbirgt.[400]

"La terra trema" wird als einziger großer marxistischer Film des Neorealismus bezeichnet, da die Entfremdung des ausgebeuteten Arbeiters von seinem Produkt zum Thema wird. Ntoni repräsentiert die Entwicklung eines revolutionären Ansatzes zur Veränderung der Verhältnisse. Doch er scheitert, ohne daß ihm die 'himmlische Erlösung versprochen wird'.[401] Vor diesem Hintergrund erklärt sich der Mißerfolg des Films beim mittelständischen Publikum mit seinen bürgerlich geprägten Überzeugungen.[402]

3.7.3.2 Ein Beispiel aus "La terra trema"

Als Beispiel für den Versuch, Form und Inhalt konkordant zu machen, soll dieser Auschnitt stehen.

---

[395]vgl. Tonetti, C.: Luchino Visconti. a. a. O., S. 36
[396]ebd., S. 36ff.
[397]ebd., S. 40f.
[398]ebd., S. 44
[399]ebd.., S. 44
[400]vgl. Gregor, U.; Patalas, E.: Geschichte des Films. a. a. O., S. 247
[401]vgl. Tonetti., C.: a. a. O., S. 37ff.
[402]ebd., S. 43

Die meisten Einstellungen sind relativ lang und geben beobachtend die Situation wieder. Zu Beginn der Sequenz ist die Kamera unbeweglich. und zeigt die breite Front der Fischer, die Ntoni und seine Brüder vor dem Büro empfangen (Nr. 1). Die Kamera fängt einfach die Situation ein, die an sich schon unangenehm ist. Durch etwaige Schnitte wird niemand hervorgehoben. Die zweite Einstellung begleitet zwar zunächst den Weg der drei Protagonisten, bleibt dann aber zurück und fängt aus relativ großer Distanz das Geschehen ein. Es wird darauf verzichtet, den emotionalen Eindruck zu verstärken, indem die Spötter oder Ntoni in Nahaufnahme gezeigt werden. Dann beginnt eine klassische Schuß-Gegenschuß-Auflösung der Szene (Nr. 3 - 8 u. 10, 11).

Ein wichtiges Detail der mise-en-scene befindet sich über dem Kopf des Großhändlers. Der verblasste Mussolini-Schriftzug, der über seinem Kopf wie eine Überschrift prangt, wird sicherlich vom Zuschauer bemerkt (Nr. 4, 6). Er übt folglich aller Wahrscheinlichkeit nach eine assoziative Beeinflussung aus, denn das gemeine Verhalten der Großhändler wird mit Mussolini verbunden. Die Vermutung liegt nahe, daß der Geist des Mussolini-Regimes immer noch in diesen Räumen herrscht und noch immer diese Mächte das Handeln der Personen regieren. Lediglich die offensichtlichen Zeichen der Vergangenheit wurden abgenommen und nur ein Rest des Schriftzuges weist sie noch sichtbar nach.

Dann wird wieder die Positionierung der Personen im Raum wichtig, die es ermöglicht, die verschiedenen Reaktionen und das Verhältnis der Charaktere zueinander im Raum gleichzeitig darzustellen (Nr. 9, 11, 12). Viscontis Neorealismus verzichtet hier trotzdem nicht auf Nahaufnahmen (Nr. 7, 10). Sie dienen nicht der Dramatisierung, sondern ermöglichen die realistische Wiedergabe des Verhaltens der Charaktere und bringen den Zuschauer nah an dieses Geschehen. Alfio wird in Nr. 7 nicht hervorgehoben, weil er in diesem Moment wichtig für die Handlung ist. Er wird einfach gezeigt, da auch er indirekt vom Großhändler verlacht wird und zur Situation gehört.

Nachdem die Aufgabe der Protagonisten erledigt ist, werden sie von einem Schwenk zum Ausgang begleitet (Nr. 13). In der zweiten Hälfte dieser sehr langen Einstellung bleibt die Kamera in der Szenerie und beschreibt weiter die Rohheiten der Großhändler. Erst dann werden die Kamerabewegungen ausgeprägter, bleiben aber dennoch immer langsam und ruhig. Somit kann der Zuschauer jeden Teil des Geschehens richtig aufnehmen. Die Kamera weicht zuerst von den Protagonisten zurück und zeigt mehr vom Gesamtgeschehen. Dann wendet sie sich der Erniedrigung eines Fischers zu, die in der rechten Bildhälfte gerade begonnen hat. Ohne große Verzögerung schwenkt sie weiter nach rechts und begleitet einen anderen Großhändler zu einem Schrank in der

Ecke des Raumes. Dabei streift sie noch das Vordergrundgeschehen, die Anheuerung eines anderen Fischers. An den Großhändler fährt sie sogar bis zu einer Nahaufnahme heran und fängt einen seiner süffisanten Sätze ein. Ein Schwenk am Mussolini-Schriftzug vorbei, der jetzt sogar noch durch den Zusatz "popolo" - also Volk - ergänzt ist, folgt. Durch die Erweiterung des Schriftzuges um den Begriff 'Volk', erweitern sich auch die Assoziationen des Zuschauers, der jetzt nicht mehr nur den einzelnen Großhändler, sondern auch alle anderen, die seine Überzeugung teilen, miteinbeziehen kann. Der Schwenk endet bei einem anderen lachenden Mann und beendet die Szene mit ihrem durchgängig präsenten Hauptelement des Auslachens.

Die Kritik an diesem übertriebenen Element habe ich bereits erwähnt. Sicherlich dient die Überbetonung einer eingängigeren Narration und beeinflußt auch den Zuschauer zugunsten der Armen und Unterdrückten. Es soll jedoch durch diesen Kritikpunkt nicht zu stark von den realistischen Formelementen abgelenkt werden, denn in solchen Szenen, die die intensive Präsenz des Schauplatzes und der Menschen mit subtilen Kamerabewegungen zeigen, sieht Bazin Glanzstücke des italienischen Films.[403]

In der beschriebenen Plansequenz gibt die Kamera nach dem Abgang der Protagonisten einfach das Geschehen wieder. Sie stellt die verschiedenen Teile in einer Einstellung gleichwertig nebeneinander und wählt scheinbar nur das aus, was sich zufällig bei ihrer beobachtenden Fahrt vor ihr abspielt. Abgesehen von den erwähnten Beeinflussungen durch den Schriftzug und das übertriebene Lachen, wird hier nicht durch die Form kommentiert. Die Montage legt keine einfachen Deutungen nahe. Die Tatsachen stehen für sich und werden einfach wiedergegeben. Der Zuschauer muß sich auf ihrer Grundlage ein Urteil über die Situation bilden.

3.7.4 Kennzeichen der realistischen Filmkunst

Es läßt sich festhalten, daß zur realistisch ausgerichteten Filmkunst der zwanziger, dreißiger und vierziger Jahre folgendes gehört:

- die Betonung der mise-en-scene und somit der räumlichen Verhältnisse der dargestellten Objekte und Personen untereinander
- die Tiefenschärfe
- der Einsatz von Plansequenzen
- fakultativ der Einsatz von Kamerabewegungen und des Weitwinkelobjektivs

---

[403]vgl. Bazin, A.: Der kinematografische Realismus und die Schule der Befreiung. a. a. O., S. 153

- die innere Montage, die durch die o. g. Formelemente entsteht
- die Betonung der Dauer von Ereignissen·
- die Ablehnung der expressionistischen Möglichkeiten, die die Montage eröffnet
- bei von Stroheim und dem italienischen Neorealismus ein politisch gefärbter Drang zur Aufdeckung der Zusammenhänge in der Realität

3.7.5 Cinéma vérité

In der Folge des Neorealismus entstand im Dokumentarfilm-Bereich das rigoristisch realistische *Cinéma vérité*.[404] Hier stellt eine Zwei-Mann-Crew anhand von Interviews und Kommentaren mit Hilfe der leichten, um 1960 vervollkommneten 16-mm-Kamera, die Realität dar. Die Spontaneität und die Atmosphäre des realen Geschehens sollte bei dieser Art der filmischen Darstellung so authentisch wie möglich übermittelt werden.[405] Form und Inhalt sind dementsprechend konkordant, so wie es beim Neorealismus der Fall ist.[406] Ein Vorbild des Cinéma vérité war Vertovs "Kino-Wahrheit".[407] Allerdings ist die Kamera hier der zugelassene Beobachter und nicht der unbemerkte Voyeur wie bei Vertov.[408] Außerdem werden beim Cinéma vérité die typischen Momente der Realität in langen Einstellungen dargestellt und nicht stark fragmentiert wie bei der "Kino-Wahrheit".[409] *Jean Rouch* und *Edgar Morin* riefen diese Strömung 1960 ins Leben.[410] In den USA herrschte dieser Stil ab 1960 unter dem Namen *direct cinema* der Brüder *Maysles* oder *living cinema* des *Richard Leacock* vor.[411] Allerdings sollte sich beim direct cinema der Filmemacher nicht durch Interviews, wie bei Rouch und Morin, einmischen. Deswegen wurde auch auf den Kommentar verzichtet.[412]

Die Montage des gedrehten Materials hatte lediglich die Rolle, einfach den Gang der Dinge möglichst unverändert zu zeigen. Trotzdem ist die Rolle des Cutters sehr entscheidend, da er auswählt, was von der Realität gezeigt wird.[413]

---

[404]vgl. Dadek, W.: Das Filmmedium. a. a. O., S. 238
[405]vgl. Reisz, K.; Millar, G.: Geschichte und Technik der Filmmontage. a. a. O., S. 199
[406]vgl. Dadek, W.: a. a. O., S. 282
[407]vgl. Rother, R.: Sachlexikon Film. a. a. O., S. 43
[408]vgl. Dadek, W.: a. a. O., S.85
[409]vgl. Scheugl, Hans; Schmidt, Ernst jr.: Eine Subgeschichte des Films. Frankfurt am Main. 1974. S. 223
[410]vgl. Monaco, J.: Film verstehen. a. a. O., S. 291f.
[411]vgl. Dadek, W.: a. a. O., S. 85
[412]vgl. Monaco, J.: a. a. O., S. 391
[413]vgl. Reisz, K.; Millar, G.: a. a. O., S. 199ff.

3.7.6 Das Breitwand-Format

Das *Breitwand-Format* hatte, wie der Tonfilm, einen erwähnenswerten Nutzen für den filmischen Realismus. Nachdem es schon 1927 erfunden, aber kaum beachtet worden war, wurde es 1953 als *CinemaScope* von 20th Century Fox eingeführt. Zu Beginn begegnete man ihm mit Ressentiments, so wie es zuvor beim Tonfilm gewesen war. Doch mit der Zeit konnte man die positiven Effekte erkennen: Das Breitwand-Format dient der realistischen Darstellungsweise, da besonders gut viele und komplexe Aktionen dargestellt werden können. Auch Großaufnahmen sind möglich, wenn die Montage sie durch die vorangegangenen und nachfolgenden Bilder stützt. Im ersten Breitwand-Film "The Robe" ("Das Gewand", 1953) zeigt sich, daß auch Bewegungsdarstellungen besonders wirkungsvoll inszeniert werden können.[414]

Indem das Bildformat mehr Spielraum bietet, können Details und Gesamtkomposition gleichzeitig dargestellt werden. Das Breitwand-Format unterstützt also das Ziel des Realismus, die Aufmerksamkeit des Zuschauers nicht mehr durch Schnitte zu lenken.[415] Der Zuschauer kann seine Aufmerksamkeit frei auf jeden Aspekt des Bildes lenken und somit gewinnt die Einstellung an Objektivität und auch an typisch realistischer Mehrdeutigkeit.[416]

Die Bedeutung des Breitwand-Formates für die Weiterentwicklung von Montagetechniken ist bisher kaum behandelt worden. Deshalb soll der Hinweis auf seine Möglichkeiten hier genügen.

3.8 "Individuelle Handschriften" im Film: Autorenfilm und Nouvelle Vague

An den Abschluß der Auflistung der verschiedenen Montageauffassungen möchte ich die individuelleren Zugänge zur Kunst der Montage setzen. Als Beispiele habe ich hier *Alfred Hitchcocks schockierende Montage, Michelangelo Antonionis unkonventionelle Montage* und die *diskontinuierliche Montage* der *Nouvelle Vague* gewählt.

3.8.1 Hitchcocks schockierende und Suspense-Montage

Alfred Hitchcock machte über einen Zeitraum von 46 Jahren hinweg, von 1926 - 1972 Filme und galt seit der zweiten Hälfte der dreißiger Jahre schon als "Meister des Spannungs-Kinos"[417]. Fischer stellt fest, daß Alfred

---

[414]vgl. Reisz, K.; Millar, G.: Geschichte und Technik der Filmmontage. a. a. O., S. 187f.
[415]ebd., S.190
[416]vgl. Monaco, J.: a. a. O., S. 363
[417]vgl. Fischer, Jens Malte: Der Zuschauer als Komplice. Analytische Bemerkungen zu Alfred Hitchcocks Thrillern. S. 135. in: ders.: Filmwissenschaft - Filmgeschichte. Studien zu Welles, Hitchcock, Polanski, Pasolini und Max Steiner. S. 135 - 155.

Hitchcock ein hervorragender "metteur en scene"[418] war. Bezüglich seiner Schnittechnik stuft er ihn als brillanten Handwerker, aber nicht als Innovator ein.[419] Für Hitchcock war das Thema wichtiger als die Technik. Diese durfte nur der Geschichte dienen, die kein einfaches Stück aus dem Leben sein sollte. Sie durfte unwahrscheinlich, mußte aber lebensmöglich, dramatisch und ohne langweilige Momente sein.[420] Sein außergewöhnlicher Ruf als höchste Autorität besteht in dieser Form erst, seit die Kritiker der französischen Zeitschrift "cahiers du cinema", dessen Gründer und Mitherausgeber André Bazin war, ihn Mitte der fünfziger Jahren entdeckten und propagierten. Diese Kritiker begründeten später die Nouvelle Vague, die von Hitchcock beeinflusst werden sollte.[421] Für die Erzeugung von Spannung und das Erzählen von mitreißenden Geschichten ist Hitchcocks Montage wesentlich mitverantwortlich.

3.8.1.1 Hitchcocks Montageverfahren

Mit "Psycho" wollte Hitchcock die Zuschauer zum Schreien bringen, also eine *"Massenemotion"*[422] bewirken. Dies sollte nicht durch eine besonders starke Geschichte, sondern durch technische Mittel wie mise-en-scene, Ton und Schnitt geschehen.[423] Hitchcock hält diese seelischen *Schocks* für gesund, da sie den Zuschauer aus der Erstarrung, die durch die beschützende Zivilisation entsteht, lösen können.[424] Die Montage ist wesentlich für diese Schocks verantwortlich, was sich am ausgewählten Beispiel zeigen wird. Dem Zuschauer wird ermöglicht, durch den *Thriller*[425], der die 'Lust an der Angst' ausnutzt, traumatische Erlebnisse und schreckliche Geschehen in erträglicher Form mit sicherem, positivem Ausgang zu erleben.[426] Neben anderen analytischen Zugängen erschließt sich hier über die Montage ein weiterer, tieferer Zugang zu den Thrillern Hitchcocks.

Bei Hitchcocks Ansichten über Schocks zeigt sich die Nähe zur russischen Montage-Doktrin der zwanziger Jahre, die auch auf körperliche Schockeffekte abzielte.[427] Vor allem Eisenstein hatte wörtlich von Schocks, die durch die

---

[418]vgl. Fischer, J. M.: Der Zuschauer als Komplice. a. a.. O., S. 136
[419]ebd., S. 136
[420]vgl. Hitchcock, A.: Technik und Handlung. In: Manz, H. P.: Alfred Hitchcock. Eine Bildchronik. Zürich. 1962. S. 39 - 40.
[421]vgl. Fischer, J. M.: Der Zuschauer als Komplice. a. a. O., S. 135
[422]ebd., S. 147
[423]ebd., S. 147
[424]vgl. Hitchcock, A. auf einer Pressekonferenz in: Manz, H. P.: a. a. O., S. 26
[425]thrill - dt. Angstlust, vgl. Fischer, J. M.: Der Zuschauer als Komplice. a. a. O., S. 151.
[426]ebd., S. 152f.
[427]vgl. Kurzzitat aus Rotha, Paul: 'The Film till Now'. New. Ed. London. 1960. in: Manz, H. P.: Alfred Hitchcock. Eine Bildchronik. Zürich. 1962. S.23

Attraktionsmontage entstehen, und einer Bewegung der Massen gesprochen. Der Unterschied ist nur, daß diese Art der Agitation bei Eisenstein politischen Zielen diente, während sie bei Hitchcock einen individuell-kathartischen Effekt hat.

Es sind nicht nur die Schockeffekte, die Hitchcocks Montage so besonders machen. Auch auf seine *Suspense*-Montage muß man noch eingehen, da sie ausgeprägt zur Beteiligung des Zuschauers an der Erzählung beiträgt. Wie bereits bei der Erörterung des Beispielausschnitt aus "The Birth of A Nation" genannt, bedeutet Suspense, daß der Zuschauer ein wenig mehr weiß als der Protagonist. So wird seine emotionale Anteilnahme gefördert. Seit Hitchcock die Suspense-Montage vervollkommnete und etablierte wird sie *"Suspense-Technik"*[428] genannt. Z. B. wird in "The Birds" ("Die Vögel", 1963) die nichtsahnende Protagonistin durch die Montage immer wieder in relativ langen Einstellungen den sich sammelnden Vögeln gegenübergestellt.[429] So wird der Zuschauer regelrecht zermürbt, bis die Protagonistin die Vögel endlich bemerkt. Die narrativen Passagen seiner Filme, die weder schockieren noch suspense aufbauen sollen, sind nach Art der Découpage classique aufgebaut.

Zu erwähnen ist noch das filmische Experiment "The Rope" ("Cocktail für eine Leiche", 1948). Hitchcock probierte hier, eine Geschichte ohne einen einzigen Schnitt zu erzählen.[430] Hier und in einigen seiner anderen Filme kann die sich stetig bewegende und gleitende Kamera dem Zuschauer das Gefühl vermitteln, keinen Boden unter den Füßen zu haben.[431] Er drückte anhand seiner Kamerabewegungen die Ansicht aus, daß ein Film sich grundsätzlich zu bewegen hat.[432]

3.8.1.2 Ein Beispiel aus "Psycho"

"Psycho" (1960) ist am Ende von Hitchcocks aktivster und erfolgreichster Schaffensperiode von 1955 - 1960 entstanden.[433] Dieser Film wurde einer seiner größten Erfolge im kommerziellen und künstlerischen Bereich.[434]

Die Szene des Duschmordes gilt neben Eisensteins Szene auf der Odessaer Hafentreppe als die wahrscheinlich meist analysierte Szene der

---

[428]vgl. Salje, G.: Hitchcock. Regieanalyse - Regiepraxis. a. a. O., S. 123
[429]ebd., S. 123ff.
[430]vgl. Reisz, K.; Millar, G.: Geschichte und Technik der Filmmontage. a. a. O., S. 157f.
[431]vgl. Dadek, W.: Das Filmmedium. a. a. O., S. 123 und 51f.
[432]vgl. Hitchcock, A.: Technik und Handlung. a. a. O., S. 39f.
[433]vgl. Finler, Joel W.: Alfred Hitchcock. The Hollywood Years. London. 1992. S. 28
[434]ebd., S. 17

Filmgeschichte.[435] Im Film steht der Duschmord an einer Stelle, an der sich inhaltlich ein positiver Ausgang anzudeuten scheint, da die Protagonistin das gestohlene Geld zurückgeben möchte. Dementsprechend erscheint der Mord als Schock. Im *"Subtext"*[436] der vorausgegangenen Szenen, also in allen symbolhaften Momenten der Form und des Inhalts, hatte er sich allerdings schon angedeutet. [437] Fast direkt vor dem Duschmord befindet sich die *pars-pro-toto-Szene* des Films, die als Teil für seine Gesamtheit steht. In einer solchen Szene sammeln sich alle Aspekte eines Films, von den ästhetischen bis zu den tiefenthematischen.[438] Nach dieser Verdichtung wird der Zuschauer in der Duschmord-Szene völlig in das Chaos der brutalen Tat hineingezogen. Es gibt nun keine Ordnung der Sinneseindrücke mehr.[439] Finler nennt diese Szene 'den ultimativen Ausdruck von stilisierter Gewalt, der Geräusche, Musik und schnelle Schnitte aus verschiedenen Kameraperspektiven kombiniert'[440].

In dieser Sequenz werden die sehr kurzen Fragmente des Duschmords mit längeren Einstellungen kontrastiert. Vor dem Mord wird in 36 Sekunden, in fünf längeren und fünf kürzeren Einstellungen ausführlich gezeigt, wie Marion duscht. Die letzte vorausgehende Einstellung (Nr. 11) ist sogar 16 Sekunden lang und beinhaltet eine innere Montage, in der Marions entspanntes Duschen und der Beginn des Mordes vereinigt werden.

Während der danach folgenden 22 Sekunden findet der Mord in 32 sehr kurzen Einstellungen, die von sieben Einzelbildern bis eine Sekunde dauern, statt. Die Musik mit ihren scharfen, akkustischen Akzenten unterstreicht die Schocks, die durch den Bildinhalt und die schnelle Montage entstehen. Auch das Motiv der Messerstiche wird durch den "stechenden" Charakter der Töne verstärkt. Erst als der Mörder den Raum verläßt (Nr. 44), werden aus den hohen tiefe Töne. Sie unterstreichen die Nachwirkung des Schocks und die schwere Bedeutung des Mordes.

Die "längeren", einsekündigen Einstellungen während des Mordes zeigen dem Zuschauer jeweils einen Tatbestand, der ein wenig länger auf ihn einwirken sollte: Die Person mit dem Messer (Nr. 15), Marions angsterfülltes Gesicht (Nr. 13, 20, 22) und das sich mit Blut vermischende Wasser (Nr. 38). Die kürzesten Einstellungen befinden sich zwischen Nr. 24 und 37. Sie stellen den Höhepunkt im ansteigendem und abschwellenden Tempo der

---

[435]vgl. Fischer, J. M.: Der Zuschauer als Komplice. a. a. O., S. 136
[436]vgl. Salje, G.: Hitchcock. Regieanalyse - Regiepraxis. a. a. O., S. 28
[437]ebd., S. 229f.
[438]ebd., S. 251f.
[439]ebd., S. 230
[440]vgl. Finler, J. W.: a. a. O., S. 133

Einstellungsfolge dar und gehen mit Marions beginnendem Stöhnen einher. In dieser Sequenz liegt der Kern Hitchcocks schockierender Montage mit der Nähe zur Attraktionsmontage.

In keiner der Einstellungen wird das eigentliche Berühren des Körpers durch die Mordwaffe gezeigt. Außerdem wird durch die Silhouette des Mörders die eventuelle Beteiligung der Mutter Normans nur angedeutet. Die Einstellungen müssen also vom Zuschauer noch durch Assoziationen, wenn auch sehr naheliegende, zusammengefügt werden.[441] Bulgakowa weist darauf hin, daß hier eine Beziehung zu Eisensteins Attraktionsmontage besteht. Wie bei Eisensteins Mordbeispiel vermitteln hier Details, die an sich neutral sein können, z. B. ein Messer oder ein Bauch, eine wirksame Demonstration des Schreckens. Diese ist wirksamer als eine räumlich und zeitlich kontinuierliche Totale es wäre, denn sie fördert die Abstraktion in den Gedanken des Zuschauers.[442] Unter dem Gesichtspunkt der assoziativen Verknüpfung der Handlungsfragmente kann man also von der Assoziationsmontage, die eng mit der Attraktionsmontage zusammenhängt, sprechen.

Die letzten elf Einstellungen (Nr. 45 - 55) werden durchschnittlich wieder deutlich länger und schließen die Klammer um den Mord, wobei sogar die gleiche Einstellung des Duschkopfs wieder auftaucht und die Klammer unterstützt (Nr. 5 und 51). Diese letzten elf Einstellungen weisen wieder fünf kürzere (Nr. 48 - 51, 54) und sechs längere (Nr. 46, 47, 52, 53, 55) auf, so wie es bei den ersten elf Einstellungen schon der Fall war. Mit den zu Beginn und zum Schluß unterbrechenden fünf kürzeren Einstellungen wird die Ruhe und relative Langsamkeit der anderen sechs kontrastiert. Die Mordsequenz, deren Charakteristikum die kurzen Fragmente sind, wird formal in den fünf kurzen Einstellungen der vorausgehenden, ruhigen Phase angedeutet, bzw. sie klingt in der Phase nach dem Mord nach. Eine sehr lange Fahrt bildet den Abschluß und Übergang zu der nachfolgenden Szene, in der Norman in Marions Zimmer geht (Nr. 55). Die Kamera verbindet in dieser autonomen Fahrt den Tod Marions direkt und ohne trennenden Schnitt mit dem gestohlenen Geld und dem Haus der Bates. Hier werden alle bisherigen wichtigen Fakten noch einmal in einer Einstellung zusammengeführt: Marion ist wegen des gestohlenen Geldes in das Motel gekommen und mit der Geisteskrankheit der "Familie" Bates konfrontiert worden, was letztendlich ihren Tod bedeutete. Außerdem deutet sich in Nr. 55 noch das im weiteren Verlauf des Films aufzuklärende Thema des Verhältnisses zwischen Norman und seiner Mutter an.

---

[441]vgl. Die Chronik des Films. a. a. O., S. 317
[442]vgl. Bulgakowa, O.: Montagebilder bei Sergej Eisenstein. a. a. O., S. 56

3.8.2 Michelangelo Antonioni: Autorenfilm und Realismus

Michelangelo Antonionis Werk wird dem Autorenfilm zugeordnet, was unter anderem sein *unkonventioneller Schnitt* deutlich zeigt.[443] Seine Filme sind beispielhaft für die *Abwendung vom konventionellen Handlungsaufbau*, welche in den sechziger Jahren einsetzte.[444] Er gilt als einer derjenigen, die den Stilumbruch der vierziger Jahre formal fortsetzten.[445] Nachdem er in den fünfziger Jahren mißachtet wurde, begründeten in den sechziger Jahren die Filme "Il Grido" ("Der Schrei", 1957), "L'Avventura" ("Die mit der Liebe spielen", 1959), "La Notte" ("Die Nacht", 1960) und "L'Eclipse" ("Liebe 1962", 1961) seinen Weltruhm.[446]

3.8.2.1 Realismus und die Aussagen über das "Innere" der Personen

Der Einsatz von *langen Einstellungen, Kamerabewegungen* und *Originaldrehorten* verbindet Antonioni mit der Filmform des italienischen Neorealismus. Inhaltlich steht, wie beim Neorealismus das psychisch belastete Alltagsleben im Vordergrund. Antonioni jedoch konzentriert sich auf die *bürgerliche Schicht* und auf die *inneren Konflikte* der Charaktere.[447] Zentrale Themen sind die Einsamkeit und Leere in Beziehungen.[448]

Durch seine Wahl der *Schauplätze*, die *Kamerabewegungen* und die *Verhältnisse der Personen im Raum*, kurz: durch die gesamte *mise-en-scene*, zeigt er mehr als nur die Oberfläche der Menschen. Er verlagert das Innere der Charaktere ins szenische Äußere.[449] Die Umgebung der Charaktere läßt sich direkt und auf metaphorischer Ebene mit ihrer Persönlichkeit und ihrem Verhalten in Verbindung bringen, wie z. B. die karge Insel und die geistige Leere der Menschen in "L'Avventura".[450] Das Schlagwort für Antonionis Darstellungsweise ist "die Umgebung als Schicksal"[451].

Überdies vermischt seine Filmsprache mit Hilfe der Montage *objektive* mit *subjektiven* Perspektiven. In "L'Eclipse" ermöglicht er dem Zuschauer durch die Kameraführung über das objektive Geschehen hinaus, Vittoria und ihre *"weibliche Perspektive"*[452] wahrzunehmen und mit ihr zu fühlen.[453]

---

[443]vgl. Reisz, K.; Millar, G.: Geschichte und Technik der Filmmontage. a. a. O., S. 243
[444]ebd., S. 246
[445]vgl. Dadek, W.: Das Filmmedium. a. a. O., S. 266
[446]vgl. Salje, G.: Antonioni. Regieanalyse - Regiepraxis. a. a. O., S. 27
[447]ebd., S. 27
[448]ebd., S. 23
[449]ebd., S. 113f.
[450]vgl. Reisz, K.; Millar, G.: Geschichte und Technik der Filmmontage. a. a. O., S. 246
[451]ebd., S. 246
[452]vgl. Salje, G.: Antonioni. Regieanalyse - Regiepraxis. a. a. O., S. 119
[453]ebd., S. 119f.

Antonioni versucht den Zufall bei der Erstellung seiner Filme so weit wie möglich auszuschließen.[454] Jedes *Detail* seiner Filmbilder hat eine Bedeutung und spezifiziert die Aussage über die psychologischen Aspekte des Films.[455] Im Gegensatz zur klassischen Narration, bei der die Handlung im Bildmittelpunkt alles bestimmt, werden der Hintergrund, die Bildränder und die Details wichtig.[456]

Es wird deutlich, daß die mise-en-scene die grundlegende Rolle bei allen seinen Filmen spielt. Es ist aber hervorzuheben, daß sie über die Zweckbestimmung einer realistischen Darstellung im Bazin'schen Sinn hinausgeht.[457] Antonioni verzichtet nicht generell auf die Montage, um eine realistische Form zu erreichen, sondern setzt sie gezielt ein. Neben ihrer Aussage über das Innere der Charaktere hängt sie eng mit der Montage zusammen. Diese wird Thema des nächsten Kapitels sein.

Antonionis Filme sind formal immer in Bewegung, auch wenn die Narration zu stagnieren scheint. Ein Grund dafür ist, daß die Bilder innerhalb einer Sequenz ihre Beziehung zueinander nicht nur auf inhaltlicher, sondern auch auf formaler Ebene verändern. Beispielsweise werden Kadrierungen des ersten Bildes durch das nächste aufgehoben, was sich dann auch auf die inhaltliche Ebene auswirkt. Eine derartige Verschachtelung der Bilder befindet sich im Film "Professione: Reporter" ("Beruf: Reporter", 1975). Dem Zuschauer werden nacheinander drei Realitätsebenen bewußt, deren Kontext sich langsam verändert: Zuerst sieht er eine Talkshow im Fernsehen, dann, daß sie in einem Wohnzimmer eingeschaltet ist und zuletzt, daß die Frau des Protagonisten sie sieht.[458]

3.8.2.2 Antonionis Montage

Michelangelo Antonioni hat den unkonventionellen Schnitt neben der mise-en-scene genutzt, um tiefergehende Aussagen über die Personen und ihre Hintergründe zu machen. Ihn interessieren besonders die leeren Augenblicke, die *temps morts*, zwischen Gesprächen oder Handlungen.[459] Hier geht es um die Momente, in denen die Handlung unwichtig ist. Die Bilder an sich, also die Formen der Dinge, ihre Verhältnisse zueinander und das Licht treten in dieser *"toten Zeit"* [460] in den Vordergrund und lassen sie stillstehen.[461]

---

[454]vgl. Kock, B.: Michelangelo Antonionis Bilderwelt. München. 1994. S. 213

[455]vgl. Reisz, K.; Millar, G.: Geschichte und Technik der Filmmontage. a. a. O., S. 249

[456]vgl. Kock, B.: a. a. O., S. 216

[457]ebd., S. 214

[458]ebd., S. 228

[459]vgl. Reisz, K.; Millar, G.: a. a. O., S. 248

[460]vgl. Salje, G.: Antonioni. Regieanalyse - Regiepraxis. a. a. O., S. 147

Antonioni zeigte solche Momente häufig, wenn die Handlung bereits beendet war, die Kamera aber noch auf dem Geschehen verweilte. Hier findet sich ein offensichtlicher Gegensatz zur Découpage classique, bei der der Schnitt immer nach der Klimax der Einstellung erfolgt.[462]

Im allgemeinen vernachlässigte Antonioni die Montage. Für bestimmte Zwecke wandte er sie jedoch intensiv an. In "L'Avventura" und "Il Grido" bestimmen Plansequenzen, die oft sehr wenig Handlung aufweisen, die Filmform. Die Montage dieser Filme bedeutete eigentlich "nur", diese aneinanderzureihen.[463] Antonioni wandte sich aber auch der philosophisch begründeten *Fragmentierung* durch die Montage zu. In der Schlußsequenz von "L'Eclipse" zeigen die aufgereihten Fragmente von realen Geschehnissen die wirkliche Realität, während die vorher erzählte Geschichte nur eine Abstraktion der Wirklichkeit war.[464]

Bei einigen seiner späteren Filme wurde erst in der Postproduktion entschieden, ob geschnitten werden soll oder ob die mise-en-scene in ihrer zeitlichen und räumlichen Kontinuität gezeigt wird.[465] Diese Position korrespondiert mit der im nächsten Kapitel beschriebenen Position Godards, die die Montage und die mise-en-scene als gleichwertige und voneinander abhängige Ausdrucksmittel ansieht.[466]

Kock listet auf, daß es in Antonionis Filmen selten 'Überblendungen, keine anderen Blenden, ab 1959 keine traditionellen establishing shots und keine klassischen Schuß-Gegenschuß-Einstellungen mehr'[467] gibt. Außerdem wechselt er radikal von Detailaufnahmen zu Totalen und umgekehrt. Seine Schwenks landen häufig in der Leere oder betonen den Zwischenraum bei der Verbindung von zwei Bildern, die nach klassischer Manier durch die Montage aneinandergereiht worden wären. Das einzige klassische Element sind Zwischenschnitte, die in eine kontinuierliche Szene Details einfügen.[468]

Kock bezeichnet Antonionis Montage deshalb als "Spiel zwischen herkömmlicher Ordnung und syntaktischer Freiheit, als ein Spiel mit Um-Deutungen und Neu-Erfindungen."[469] Er sieht eine 'Um-Deutung' von Eisensteins Assoziationsmontage in Antonionis freier Verknüpfung der Bilder,

---

[461]vgl. Salje, G.: Antonioni. Regieanalyse - Regiepraxis. a. a. O., S. 147
[462]vgl. Kock, B.: Michelangelo Antonionis Bilderwelt. München. a. a. O., S. 215
[463]vgl. Reisz, K.; Millar, G.: Geschichte und Technik der Filmmontage. a. a. O., S. 249
[464]ebd., S. 243ff.
[465]vgl. Kock, B.: a. a. O., S. 214
[466]ebd., S. 212f.
[467]ebd., S. 216
[468]ebd., S. 216
[469]ebd., S. 218

z. B. durch Einstellungswiederholungen oder durch das *assoziative* Aufgreifen von Formen aus der Dingwelt. Das Bild wird bei Antonioni ebenso 'assoziationsfähig' gemacht wie bei Eisenstein, allerdings nicht für didaktische Zwecke. Außerdem liegen die assoziierbaren Stoffe bei Eisenstein im Vordergrund, während sie bei Antonioni im Bildhintergrund zu finden sind.[470] Die Assoziationen offenbaren sich an Farben, Formen und Strukturen von Oberflächen, die im Verlauf des Films entweder als ästhetisches Phänomen oder als Teil der Narration, immer wieder auftauchen. Dabei verändert sich der inhaltliche Zusammenhang der besagten Form, jedoch nicht die Form selbst.[471]

3.8.2.3 Irritationen

Antonionis Umgang mit Raum und Zeit anhand von Kamerastandpunkten, Montage und mise-en-scene ist von verschiedenartigen *Irritationen* bestimmt. Um unter Gesichtspunkten der Assoziation Formen und Oberflächen darzustellen, werden klassische Anschlüsse über Bord geworfen, so daß der dargestellte Raum in aufeinanderfolgenden Einstellungen zu "springen" scheint. Z. B befinden sich Kamerapositionen plötzlich an Stellen, die nicht mit einer erforderlichen subjektiven Kameraposition übereinstimmen. Sogar Achsensprünge werden zur Verdeutlichung der emotionalen Geschehnisse hingenommen. Schwenks schreiben Erscheinungen Wichtigkeit zu, die nichts mit der Handlung zu tun haben. Außerdem werden in Schwenks unsichtbare, also nicht lokalisierbare Schnitte gemacht. So können innerhalb einer Einstellung, die Charaktere ihr Äußeres verändern. Auch Rückblenden können auf diese Weise innerhalb einer Einstellung untergebracht werden, wie z. B. in "Professione: Reporter". Eine andere Form der Irritation ist es, erst ein Detail oder eine Reaktion zu zeigen und dann den Gesamtzusammenhang.[472]

Im Gegensatz zum konstruktiven Aufbau der Wahrnehmung durch die Assoziationen, sieht Kock in den Bild-Irritationen die Destruktion der gewohnten Wahrnehmung von Zeit und Raum. Auf der Grundlage dieser assoziativen oder irritierenden Verfahrensweise beginnt Antonioni in seiner späteren Schaffensphase, Realität und Imagination zu vermischen.[473]

3.8.2.4 Ein Beispiel aus "L'Eclipse"

Antonionis Stil hat sich im Laufe seines Schaffens stark verändert. Der Beginn

---

[470]vgl. Kock, B.: Michelangelo Antonionis Bilderwelt. a. a. O., S. 217
[471]ebd., S. 230
[472]ebd., S. 218ff.
[473]ebd., S. 229f.

der sechziger Jahre stellt ungefähr die Mitte seiner Entwicklung dar.[474] Diese Beispielsequenz, die Anfangssequenz aus "L'Eclipse" stammt aus dem Jahre 1962.

Der Film spielt in den unterschiedlichsten Handlungsräumen, wie z. B. einer klassizistischen Börsenhalle oder bei einem Flug über Verona. Sie machen Aussagen über die Personen, die weit über die Dialoge hinausgehen.[475] Der Film beginnt in einer großbürgerlichen Atmosphäre mit vielen Kunstwerken am Morgen nach dem Ende der Beziehung von Vittoria und Riccardo. Die Sequenz zeigt bereits zu Beginn des Films das Resümee der Geschehnisse in der Nacht vorher, das sich nun zu einer einzigen, konkreten Handlung, Vittorias Abschied, formiert.[476] So werden bereits zu Beginn die üblichen Zuschauererwartungen beleidigt.[477]

Schon in den Einstellungen von Nr. 2 bis Nr. 7 liegt eine Ausnahme von den Erzählprinzipien der Découpage classique vor, denn hier befinden sich die pars-pro-toto-Einstellungen des Films. Vittoria arrangiert Objekte hinter einem leeren Bilderrahmen. Hier sammeln sich die Aspekte des Inszenierens, des Ordnens - auch von Lebensumständen - und sogar der Vaterlosigkeit.[478] Somit steht diese Szene für die Gesamtheit der Aussage dieses Films.

Auch die Szenenauflösung trägt die am Anfang des Films stehende Irritation, denn in der gesamten Szene befinden sich viele lange Einstellungen mit innerer Montage, Kamerabewegungen, unterschiedlichsten Kamerapositionen, temps morts und wenig Handlung.

Der Raum wird aus vielen verschiedenen Kamerapositionen erschlossen, so daß dem Zuschauer weder die Geographie des Raumes, noch die Handlungsachse innerhalb eines 180°-Systemes klar werden. Eine mögliche, durch den Raum verlaufende Handlungsachse läge zwischen Vittoria und Riccardo. In Nr. 11 befindet sich die Kamera auf dieser Achse und zeigt sie vollständig. Bis zu dieser Einstellung ist die Kamera bereits deutlich über diese Achse gesprungen. Zuerst "blickt" sie von der einen Seite der Achse auf ihn und in Nr. 6, in der Riccardo das zweite Mal zu sehen ist, hat die Kamera diese Achse übersprungen. Der Zuschauer ist hier nicht "vor den Kopf gestoßen", aber seine räumliche Orientierung wird erschwert. Im weiteren Verlauf der Sequenz gibt es praktisch keine Achse mehr, da sich die Personen ständig im Raum bewegen und von den verschiedensten Richtungen beobachtet werden. Die Vermutung liegt nahe, daß die räumlich

---

[474]vgl. Reisz, K.; Millar, G.: Geschichte und Technik der Filmmontage. a. a. O., S. 243
[475]vgl. Furler, A.; Ruggle, W.; Vogler, R. (Hg.): Kinozeit. 100 Jahre in 50 Filmen. a. a. O., S.77
[476]vgl. Salje, G.: Antonioni. Regieanalyse - Regiepraxis. a. a. O., S. 19f.
[477]ebd., S. 113
[478]ebd., S. 149f.

unkoordinierten Bewegungen der Personen mit deren Beziehung zueinander korrespondieren, denn Vittoria und Riccardo haben sehr lange in der vorausgegangenen Nacht diskutiert. Im Verlauf der Szene wird klar, daß Vittoria sich entschieden hat, Riccardo zu verlassen und die lange, nächtliche Diskussion scheint von einem ausgeprägten hin und her der Argumente bestimmt worden zu sein. Folglich kann man die Bewegung der Personen im Raum als Spiegelung dieser Entwicklung interpretieren.

An dieser Form der Bewegungsdarstellung zeigt sich das Moment der räumlichen Irritation. Außerdem werden klare Anschlüsse im Sinne der Découpage classique nicht hergestellt, wenn die Personen den Bildraum betreten oder verlassen.[479]

In den Bewegungen der Personen sammeln sich Ausdrücke von Distanz, Aktivität, Passivität, Bewegungen auf den anderen zu und von ihm weg, Erschrecken und auch Reste von Zuneigung. Die Distanzierung wird durch die entfernten Positionen im Raum, die symbolisch trennend wirkenden Möbel, die häufige Isolierung der Personen in Nahaufnahmen und die Körpersprache ausgedrückt.[480]

Der größte Teil der Aktivität geht von Vittoria aus. Das zeigt sich daran, daß die meisten Bewegungen über den Bildrand von ihr getätigt werden. Riccardo ist entweder passiv oder er läuft Vittoria nach und versucht, sie zum Bleiben zu bewegen. Eine einzige Bewegung von ihm ist allerdings entgegengesetzt und entspringt einer momentanen, beleidigten Haltung (Nr. 33). Vittoria bewegt sich die meiste Zeit recht gleichmäßig im Raum, während Riccardos Passivität von heftigeren Reaktionen unterbrochen wird. Z. B. stellt er in Nr. 26 und 46 Forderungen an Vittoria und zerbricht etwas. Die einzige heftigere und erschreckte Reaktion zeigt sie, als sie ihr Spiegelbild neben Riccardo sieht, der im Sessel sitzt wie ein "lebender Toter"[481] (Nr. 23). Die Kamera bleibt in dieser Phase, in der Riccardo das Maximum an Passivität erreicht, bei ihr (Nr. 20, 22, 23) und begleitet sie mit einer Fahrt und einem Schwenk.

Das ist repräsentativ für die ganze Sequenz, in der sich die 'Kamera mit Vittoria verbindet, mit ihr Riccardo ausweicht und Distanz zu ihm schafft"[482]. Bereits in Einstellung Nr. 9 weicht die Kamera ein erstes Mal leicht vor

[479]*Eintritte ins Bild von rechts:* Nr. 16 (Vittoria), 18 (Vittoria), 33 (Vittoria), 46 (Vittoria) / *Bewegungen aus dem Bild nach rechts:* Nr. 17 (Vittoria), 31 (Riccardo), 33 (Riccardo), 46 (Vittoria) / *Eintritte ins Bild von links:* Nr. 14 (Vittoria), 34 (Vittoria), 49 (Vittoria) / *Eintritt von beiden Seiten:* Nr. 25 (Vittoria von rechts, Riccardo von links)
[480]vgl. Salje, G.: Antonioni. Regieanalyse - Regiepraxis. a. a. O., S. 20f.
[481]vgl. Schüler, Rolf: Antonioni. Die Kunst der Veränderung. Berlin. 1993 S. 25
[482]vgl. Salje, G.: Antonioni. Regieanalyse - Regiepraxis. a. a. O., S. 21

Riccardo zurück. Direkt im Anschluß zeigt sich einmal seine "männliche Perspektive" im Blick auf Vittorias Beine und wirkt wie eine Begründung für das vorherige Zurückweichen der Kamera. Somit wird direkt die weibliche Perspektive mit der männlichen kontrastiert. Dann wird die weibliche im weiteren Ablauf dieser Sequenz in vielen Einstellungen fortgesetzt.[483] Auch nach der Anfangssequenz werden ihre Handlungen auf diese Weise weiter verfolgt.

Typisch für Antonioni ist, daß er schneidet, wenn die Handlung noch gar nicht begonnen hat. In Nr. 25, 33, 34 und 49 werden jeweils erst die Handlungsorte gezeigt, bevor eine Person ins Bild tritt. Nr. 25 scheint zu Beginn der Einstellung ein point-of-view-shot zu sein, bis klar wird, daß dies nicht so ist, weil beide Personen ins Bild treten. So wird einerseits der Zuschauer leicht irritiert, andererseits verwandelt sich die gerade geschaffene vermeintliche Übereinstimmung des Zuschauerblicks mit Vittorias Blick wieder zur distanzierten Beobachterposition zurück.

Teilweise schneidet Antonioni erst, wenn die Handlung schon länger beendet ist, wie z. B. in der 21sekündigen Einstellung Nr. 31. Riccardo ist schon nach sechs Sekunden gegangen, aber die Kamera verharrt auf der regungslosen Vittoria in einer Halbtotalen. Erst gegen Ende der Einstellung bewegt sie sich leicht, was aber für die Handlung insignifikant ist. In einer Nahaufnahme wäre ihre Emotion betont worden, jedoch ist es hier die Situation und die für Antonioni so wichtige Umgebung, die auf den Zuschauer wirkt, bevor geschnitten wird.

Lenssen bezeichnet Antonionis Montagerhythmus in "L'Eclipse" als synkopisch. Das Verhalten der Personen wird in den dramatisch konzentrierten Stellen gerafft wiedergegeben, während es an den 'sprachlosen' Stellen nah und ausgedehnt beobachtet wird.[484]

3.8.3 Nouvelle Vague

Ungefähr 1958/59 begann in Frankreich die Veränderung der Produktionsmethoden, der Themenwahl, des Stils und sogar der Haltung zu filmischer Form und Inhalt. Diese Bewegung wird *Nouvelle Vague* genannt.[485] Sie soll mit einem extremen Beispiel die Darlegung der verschiedenen Zugänge zur Montage beenden.

---

[483]Einstellungen, die sich Vittorias 'weiblicher Perspektive' zuordnen lassen: 3, 8, 9, 12, 14, 16, 18, 20, 22, 23, 24, 26, 28, 30, 33, 34, 46, 50.
[484]vgl. Lenssen, Claudia: Kommentierte Filmographie. L'Eclisse. S.147. in: Jansen, Peter W.; Schütte, Wolfram: Michelangelo Antonioni. Reihe Film 31. München. 1984. S. 146 - 158.
[485]vgl. Reisz, K.; Millar, G.: Geschichte und Technik der Filmmontage. a. a. O., S. 216

3.8.3.1 Die Entstehung der Nouvelle Vague

Die Nouvelle Vague war eigentlich keine scharf umrissene Bewegung mit eindeutigen Zielen, sie wollte keine Schule und keinen Stil begründen. Sie wollte nur der "Tradition der Qualität"[486] widersprechen, bei der sich der Autor praktisch nicht mehr um die Inszenierung seines Werkes kümmerte.[487] Man griff deshalb die Szenaristen und festgefahrenen Genres der bisherigen französischen Kinematographie scharf an. Mit dieser Gegenbewegung wollte man einen individuellen Ausdruck im Film ermöglichen.[488]

Der 1948 vom Filmemacher und Kritiker *Alexandre Astruc* geprägte Begriff *caméra-stylo*, d. h. "Kamera-Federhalter", beschreibt die Auflehnung gegen die traditionellen, filmischen Erzählmethoden und trifft die Grundlage der Nouvelle Vague recht genau. Junge, französische Intellektuelle strebten danach, daß der Filmautor seine Gedanken im Film individuell und frei, wie in einem Roman, ausdrücken können sollte.[489] Ein Wegbereiter der Nouvelle Vague war der Regisseur *Roger Vadim*, der allerdings hauptsächlich kommerziell produzierte.[490] *Agnès Varda* spielte vor, während und nach der Nouvelle Vague eine bedeutende Rolle.[491]

Um die Kamera wirklich wie einen "Federhalter" zu benutzen, war es nötig, daß der Autor und der Regisseur in einer kreativen Person zusammengefaßt wurden. Die durch das *cinéma vérité* und *direct cinema* vereinfachte Produktionsweise war für die *"auteurs"* [492], also die jungen Filmautoren sehr nützlich. Charakteristisch für die Produktionsweise der *Neuen Welle* waren Dreharbeiten an Originalschauplätzen mit kleinen Teams und unbekannten Schauspielern oder Laien, hochempfindliches Filmmaterial, eine kurze Drehzeit und keine Verpflichtungen. Die Filme sollten billig und verkäuflich bleiben. Auch die beschriebenen Einflüsse des Breitwand-Systems führten zu größerer Einfachheit und Gradlinigkeit der Darstellung.[493]

Der große Erfolg dieser Filme bewirkte deren internationale Anerkennung und Nachahmung. Allein in Frankreich debütierten zwischen 1959 und 1962 ca. 150 Regisseure. Sie beriefen sich auf die Aussprüche Chabrols "Alles, was man wissen muß, um Regie zu führen, kann man in vier Stunden lernen." und Truffauts "Jeder kann Regisseur oder Schauspieler sein."[494] Gemäß dieser

---

[486]vgl. Gregor, U.; Patalas, E.: Geschichte des Films. a. a. O., S. 447
[487]vgl. Reisz, K.; Millar, G.: Geschichte und Technik der Filmmontage. a. a. O., S. 216
[488]vgl. Gregor, U.; Patalas, E.: a. a. O., S. 449
[489]vgl. Reisz, K.; Millar, G.: a. a. O., S. 215f.
[490]vgl. Gregor, U.; Patalas, E.: a. a. O., S. 448
[491]ebd., S. 363f.
[492]vgl. Reisz, K.; Millar, G.: a. a. O., S. 215
[493]ebd., S. 215f.
[494]ebd., S. 217

Grundeinstellung gingen die Regisseure der Nouvelle Vague häufig größere Risiken als andere ein, was sich vor allem an der Montage zeigte.[495] Die der Nouvelle Vague entsprechenden Bewegungen in anderen Ländern hatten alle andere Grundlagen und Zielsetzungen. In den USA ging es hauptsächlich darum, eine Opposition zum Hollywood-Markt zu schaffen. Das *free cinema* in England war anti-kommerziell eingestellt, aber weniger durch ausgeprägte Autorschaft bestimmt. In Italien hingegen knüpften die jungen Regisseure an die Traditionen des Neorealismus an. In Deutschland erschwerten die praktisch nicht vorhandenen Förderungsmöglichkeiten die Ausprägung eines neuen Stils zu Beginn der sechziger Jahre.[496]

Regisseure der Nouvelle Vague waren *Jean-Luc Godard, Francois Truffaut, Claude Chabrol, Eric Rohmer, Jacques Rivette* und *Jacques Doniol-Valcroze*. Da die Regisseure selbst Kritiken in den "cahiers du cinema" geschrieben hatten, wußten sie viel über die Filmgeschichte und konnten ihr Wissen um die Formen der alten Filme für ihre eigenen nutzen.[497] Sie standen außerdem unter dem Einfluß der Theorien André Bazins.[498] Das war mitverantwortlich für die stark ausgeprägte theoretische Begründung ihrer Filmformen. Sie werden deshalb auch als "erste Generation von Cineasten, deren Werk zutiefst in der Filmgeschichte und Filmtheorie begründet war"[499] bezeichnet. In diesem Zusammenhang griffen sie sogar metaphorische Bilder, die in der Stummfilmzeit als Symbole üblich waren, in der Nouvelle Vague wieder auf, wie z. B. ein aufgeschreckter Pfau in Chabrols "À double tour" ("Schritte ohne Spur", 1959).[500]

Alain Resnais und *Louis Malle* kamen beide von der technischen Seite zur Nouvelle Vague, hatten aber ähnliche inhaltliche und formale Ansätze.[501] Gregor / Patalas setzen 1962, praktisch ohne zeitliche Distanz, die Leistung vieler der neuen Regisseure, die nicht speziell in der Filmproduktion ausgebildet waren, herab: Produzenten hätten sie nur unterstützt, um nicht den Anschluß an den neuen Trend zu verlieren und die Neue Welle hätte sich nur durch die gegenseitige Förderung der Regisseure so stark ausgebreitet.[502]

---

[495]vgl. Reisz, K.; Millar, G.: Geschichte und Technik der Filmmontage. a. a. O., S. 222
[496]vgl. Gregor, U.; Patalas, E.: Geschichte des Films. a. a. O., S. 447f.
[497]vgl. Monaco, J.: Film verstehen. a. a. O., S. 286
[498]ebd., S. 286
[499]ebd., S. 364
[500]vgl. Reisz, K.; Millar, G.: a. a. O., S. 219f.
[501]vgl. Monaco, J.: a. a. O., S. 286
[502]vgl. Gregor, U.; Patalas, E.: a. a. O., S. 449f.

3.8.3.2 Inhalte und Form: die Philosophie der Diskontinuität

Inhaltlich gerät die Darstellung des Inneren, also der Gedanken, Erinnerungen, Moralvorstellungen usw. in den Vordergrund. Die Sprunghaftigkeit und schwer durchschaubare Logik dieser Themen zeigt sich auch an der Form der Filme. Rhode und Pearson entwarfen 1961 mit der *"Philosophie der Diskontinuität"*[503] eine philosophische Grundlegung. Sie ermöglicht einen tieferen Zugang zu den Filmen und zur Schnittechnik der Nouvelle Vague:[504] Während Gegenstände ein eindeutiges Wesen haben, ist das Ich ohne einen festen Kern. Es besteht nur aus Folgen von Handlungen in der Vergangenheit und Zukunft, während die leere Gegenwart darauf wartet, mit Handlungen gefüllt zu werden. Somit sind Menschen von Natur aus geheimnisvoll und unberechenbar. Traditionelle Moralvorstellungen sind in diesem Zusammenhang nicht gültig, da die Erscheinungen in der Welt unter den genannten Voraussetzungen nicht mehr als verbindlich angesehen werden können. Jeder muß also seine moralischen Vorstellungen ständig selbst entwerfen. Wenn der Mensch eine Rolle annähme, würde er vor seiner Verantwortung fliehen und zu einer Sache werden. Der Mensch ist also ständig damit beschäftigt, sein Ich zu entdecken, wodurch jede seiner Handlungen opportunistisch wird. Jede Handlung ist deshalb individuell und einmalig, und ihr Motiv offenbart sich nur dem Handelnden selber. Diese Handlungen ohne offensichtliches Motiv erscheinen als unmotiviert.

Gemäß dieser Grundlage verzichten viele Filme der Nouvelle Vague auf die Logik bei der Darstellung von Zeit und Raum und wenden sich der Logik der Gedankengänge zu. Diese kann man als 'sprunghafte, assoziative Unlogik, die bruchstückhafte und unvollendete Verbindungen schafft'[505] bezeichnen. Es liegt auf der Hand, daß die Montage diese sprunghaften, unmotiviert scheinenden Bezüge am besten widerspiegeln kann.

Neben der Darstellung des Inneren sind die häufigen Darstellungen von Zerfallserscheinungen der Welt ein Hauptthema des Films der sechziger Jahre. Hier handelt es sich um einen Gegensatz zu den bisherigen Versuchen, die Synthese der Welt zu erfassen und mit Hilfe des Films darzustellen.[506]

3.8.3.3 Godards neue Einsichten in das Verhältnis der Montage zur mise-en-scene

Besonders die Filme Godards sind stark theoretisch durchdrungen, wie zuvor

---

[503]vgl. Reisz, K.; Millar, G.: Geschichte und Technik der Filmmontage. a. a. O., S. 221
[504]Die folgende Zusammenfassung aus: Reisz, K.; Millar, G.: a. a. O., S. 218
[505]ebd., S. 218
[506]ebd., S. 252

bei Eisenstein und beim italienischen Neorealismus.[507] Sowohl Bazins Meinung von einer generell verfälschenden Montage als auch die Eisenstein'sche Überzeugung von der Vormachtstellung der Montage, werden von Godard relativiert.

Bereits 1952 verteidigte er in einem Essay die klassische Einstellungsfolge, die bezüglich der psychologischen Realität mehr Wahrheitsgehalt als die innere Montage aufweisen kann, auch wenn sie räumlich diskontinuierlich ist.[508] 1956 brachte Godard neue Einsichten über das Verhältnis von Montage und mise-en-scene in die Filmtheorie ein, indem er eine *dialektische Synthese* aus beiden aufbaute. Monaco bezeichnet das als 'einen der wichtigsten Schritte in der Filmtheorie'[509], da Godard feststellt, daß Montage und mise-en-scene unbedingt zusammengehören und nicht einfach voneinander getrennt betrachtet werden können:[510]

Er vergleicht die Montage mit dem Rhythmus und die Inszenierung mit der Melodie, um deren Zusammengehörigkeit zu verdeutlichen. Die Montage versucht etwas in der Zeit vorauszusehen, während die Inszenierung dieses im Raum versucht.[511]

Godard betont aber nicht ausschließlich die Gleichstellung von Montage und mise-en-scene. In bestimmten Fällen und auch in seinem ersten Film "À bout de souffle" ("Außer Atem", 1959) favorisiert er die Montage.[512] Er begründet diese teilweise Bevorzugung folgendermaßen:

Die Montage kann den im Film dargestellten Ereignissen, die zufällig wirken, den Anstrich des Schicksals geben. Somit vermag sie es, 'dem aus dem vollen Leben gegriffenen, die vergängliche Grazie wieder zurückzugeben'.[513] Ein Montageeffekt kann die Geheimnisse der Inszenierung enthüllen und verdoppelt damit die Schönheit des Films. Wichtig ist die Montage in bestimmten Fällen, wenn sie auf der Grundlage der Inszenierung aufbauend, die Dauer und Deutlichkeit von spontanen Ideen ausdrückt. Dann kann man

---

[507]vgl. Dadek, W.: Das Filmmedium. a. a. O., S. 215
[508]vgl. Godard, Jean-Luc: Verteidigung und Darlegung der klassischen Einstellungsfolge. S. 26f. in: Godard / Kritiker: Ausgewählte Aufsätze und Kritiken über Film (1950 - 1970). München. 1971. S. 21 - 28.
[509]vgl. Monaco, J.: Film verstehen. a. a. O., S. 366f.
[510]ebd., S. 366ff. Im folgenden beziehe ich mich auf den Text "Schnitt, meine schöne Sorge" (Übersetzung des Textes "Montage, mon beau souci") in: Godard / Kritiker: Ausgewählte Aufsätze und Kritiken über Film (1950 - 1970). a. a. O., S. 38 - 40. Hier wird die mise-en-scene als "Inszenierung" bezeichnet. Beide Begriffe stehen hier als Synonyme, so daß ich im folgenden von der Inszenierung sprechen werde.
[511]vgl. Godard, J.-L.: Schnitt, meine schöne Sorge. a. a. O., S. 38
[512]vgl. Paech, Joachim: Wiping - Godards Videomontage. S. 242. in: Beller, H.: Handbuch der Filmmontage. a. a. O., S. 242 - 251.
[513]vgl. Godard, J.-L.: Schnitt, meine schöne Sorge. a. a. O., S. 38

den Begriff der Zeit den Begriff des Raums zerstören lassen. Godard führt als Beispiel den sehr komplexen Moment des Verliebens an. Ähnlich wichtig ist die Montage bei Schockeffekten, bei speziellen Ansprüchen der filmeigenen Kontinuität und wenn Beschreibungen eines Charakters die Darstellung der Handlung überlagern.

Godard schränkt seine Favorisierung der Montage fast im gleichen Atemzug wieder ein: Der Reiz der Montage ist der, in kurzen Einstellungen den Blicken zu folgen, um z. B. einen dynamischen Ausdruck zu ermöglichen. Damit wird die Montage aber auch gleichzeitig der Inszenierung unterworfen, so daß man nicht von einem Ungleichgewicht zugunsten der Montage sprechen kann. Wenn der Film genial montiert ist, erweckt er sogar den Eindruck, als wäre er gar nicht inszeniert.[514] D. h., die Inszenierung ist immer vorhanden, und die Montage muß an ihr beweisen, wie gut sie ist.

Zusammenfassend erklärt Godard, daß Inszenieren bedeute, etwas im Schilde zu führen. Die Montage kann diese Absichten gut oder schlecht aufziehen. Insgesamt kündigt sie die Inszenierung an, bereitet sie vor und leugnet sie, je nach dem wie genial die Montage ist.[515]

Die untrennbare Zusammengehörigkeit von Montage und mise-en-scene wird hier ausführlich beschrieben. Damit zeigt Godard, daß die Montage nicht unbedingt unaufrichtig sein muß, bzw., daß die mise-en-scene genauso manipulierend wie die Montage sein kann.[516]

Godard vertritt einen "intellektuellen Realismus", der über einen "materiellen Realismus"[517] hinausgeht. Um es mit semiologischen Begriffen zu beschreiben: Er möchte den Realismus nicht nur bei dem Signifikat, also dem Inhalt dessen, was er ausdrückt, er schließt auch den Signifikant, also die Ausdrucks*form* dieses Inhalts mit ein. Das heißt, daß er nicht nur die Wirklichkeit reproduzieren möchte, sondern die Dinge zeigen will, wie sie wirklich sind. Danach hat sich die Form zu richten.

Es sei kurz erwähnt, daß Godard sich im weiteren Verlauf seines Schaffens intensiv mit philosophischen und politischen Fragen beschäftigte und sich immer weiter von klassischen Narrationsprinzipien entfernte.[518]

3.8.3.4 Godards Montage

Von allen Nouvelle Vague-Regisseuren schneidet Godard seine Filme am ausgeprägtesten gemäß der Philosophie der Diskontinuität, *entgegen allen*

---

[514]vgl. Godard, J.-L.: Schnitt, meine schöne Sorge. a. a. O., S. 38f.
[515]ebd., S. 40
[516]vgl. Monaco, J.: Film verstehen. a. a. O., S. 368
[517]beide Begriffe vgl.: Monaco, J.: a. a. O., S. 370
[518]vgl. S. 370f.

althergebrachten Konventionen. Er nimmt keine Rücksicht auf eventuelle Verständnisprobleme des Publikums, er täuscht es bezüglich Zeit und Inhalt und teilt seine Schauspieler nicht klar und simpel in Pro- und Antagonisten ein. Er beachtet keine Konventionen über die Darstellung von Verfolgungsjagden, Einstellungsgrößen oder Kamerawinkel. Somit wird das Verhalten der Hauptperson seinem Inneren entsprechend dargestellt, und der Zuschauer weiß nur, was er sieht, und kann nichts weiteres voraussehen.[519]

Das Durcheinander der realen Welt wird entweder als Ansammlung loser Fragmente gezeigt oder die Kamera fängt aus der Beobachterperspektive einer Totalen das Geschehen ein, wie z. B. in "Vivre sa Vie" ("Die Geschichte der Nana S.", 1962).[520] Hier stehen die Bilder für sich und die Montage spielt kaum eine Rolle.[521] Die Tendenzen zu teilweise sehr langen Einstellungen und sehr ausgeprägten Fragmentierungen korreliert mit der inneren sprunghaften Logik.[522]

Im Gegensatz zur klassischen, auf die Konstruktion einer Geschichte ausgelegten Montage und entgegen Bazins Position findet hier eher eine "Dekonstruktion"[523] durch die 'sprunghafte Unlogik der Form' statt.

3.8.3.5 Ein Beispiel aus "À bout de souffle"

"À bout de souffle" kann als eines der extremsten Beispiele der Nouvelle Vague gelten. Zu seiner Entstehungszeit glich er keinem anderen Film auf der ganzen Welt.[524] An diesem Beispiel läßt sich demonstrieren, wie Godard die klassischen Narrationsprinzipien ablegt, die Handlung aber trotzdem verständlich bleibt.[525] Die häufigen jump cuts, die neben vielen anderen Funktionen ferner auch der Kürzung des Films dienten, korrelieren mit dem Moment der Dekonstruktion. Godard bemühte sich bei ihnen, einen bestimmten Rhythmus einzuhalten. Die Montage widersprach somit völlig den damaligen Sehgewohnheiten.[526] Die Kontinuität des Raumes und der Zeit wurde penetrant gebrochen und somit eine eigene filmische Zeit entworfen.[527] Die Fragmente der Handlung vermitteln dem Zuschauer das Gefühl, immer nur Teile aufzuschnappen und folglich nicht unmittelbar am Geschehen

---

[519]vgl. Reisz, K.; Millar, G.: Geschichte und Technik der Filmmontage. a. a. O., S. 229ff.
[520]ebd., S. 236
[521]ebd., S. 233
[522]ebd., S. 236
[523]vgl. Paech, J.: Wiping - Godards Videomontage. a. a. O., S. 242
[524]vgl. Reisz, K.; Millar, G.: a. a. O., S. 217
[525]ebd., S. 231
[526]vgl. Furler, A.; Ruggle, W.; Vogler, R.: Kinozeit. 100 Jahre in 50 Filmen. a. a. O., S. 75
[527]vgl. Paech, J.: Wiping - Godards Videomontage. a. a. O., S. 242

teilhaben zu können. So widerspricht Godard der klassischen Aufbauweise eines Films, bei der dem Zuschauer konventionell und leicht verständlich die Teile der Handlung vermittelt werden.

Neunmal nutzt Godard im vorliegenden Beispiel diese jump cuts, indem er aus den längeren Einstellungen der Fahrt einfach Stellen herausschneidet. Er zeigt somit nur die wichtigsten Stellen der Fahrt. Das erweckt den Eindruck, als griffe er kurze Episoden aus der Fahrt heraus, um zu sammeln, was Michel alles macht, bevor er mit den Polizisten konfrontiert wird. Der Zuschauer bekommt von der Handlung nur die wichtigsten Fragmente mit. Man kann hier von einem fragmentarischen Erzählen in sehr kurzen Episoden sprechen.

Godard verzichtet darauf, die Verfolgungsjagd ausführlich darzustellen und auf diese Weise Spannung aufzubauen. Der Zuschauer hätte mitgefühlt und wäre emotional stärker eingebunden gewesen, wenn er den Einsatz Michels gesehen hätte, mit dem er sich von seinen Verfolgern abgesetzt hätte und dann durch eine Panne zum Anhalten gezwungen worden wäre. Dem Zuschauer wird es somit nicht einfach gemacht, Michel als Sympathieträger zu sehen und sich emotional in seine Handlungen einbinden zu lassen. Für Reisz / Millar ist der Zuschauer eher in der Position eines beobachtenden Passanten, der Michel und die Polizei sieht und aus Michels Worten schließen kann, daß er verfolgt wird und daß sein Auto defekt ist.[528]

In den Einstellungen Nr. 28 und 29 erscheint die identische Bewegungsrichtung der Autos und Motorräder im Bild als entgegengesetzte Bewegung. Das wäre nach Découpage classique-Prinzipien ein grober Fehler gewesen, da die Kamera über die Handlungsachse springt. Dann befindet sich Michel plötzlich in einem Seitenweg (Nr. 30), wo er sich um sein liegengebliebenes Auto kümmert. Es dauert länger bis der erste Polizist dort vorbeifährt, als die vorausgehenden Einstellungen, in denen die Polizei ihm dicht auf den Versen war, es annehmen lassen. Godard verzichtet also darauf, die Logik und Wahrscheinlichkeit im Ablauf der Handlungen und bei der Aneinanderreihung der Handlungsabschnitte zu gewährleisten.[529] Er achtet nicht auf die klassischen, inhaltlichen und formalen Kontinuitätsprinzipien. Da Hintergrund und Bewegungsrichtung teils übereinstimmen und teils nicht, muß der Zuschauer sich immer wieder neu in den Handlungsabschnitten und sogar den einzelnen Einstellungen orientieren. Neben diesen verwirrenden Momenten wird durch die häufigen, verkürzten Darstellungen des Geschehens der Eindruck einer sehr dynamischen Handlung erweckt, welcher gut zu Michels gedrängter und gejagter Situation paßt.

---

[528]vgl. Reisz, K.; Millar, G.: Geschichte und Technik der Filmmontage. a. a. O., S. 231
[529]ebd. S. 231

Ein weiteres, dem klassischen Erzählkino entgegengesetztes, Verfahren befindet sich in Nr. 13, in der Michel das Publikum direkt anspricht. Dem Zuschauer wird somit bewußt, daß es sich hier "nur" um einen Film handelt. Die Querflötenmusik unterstreicht mit ihren Akzenten die einzelnen Fragen. Dieses Vorgehen zerstört zusammen mit den jump cuts den Eindruck, daß der Film ein Stück Realität zeigt. Er wird als "verkürzende Nachbildung"[530] bewußt.

Auch Michels Rolle läßt sich auf das Grundmotiv der Nachbildung zurückführen. Er versucht, wie Humphrey Bogart zu sein. Er möchte Bogart imitieren, so wie der Film die Realität imitiert. Beides macht Godard in seinem Film sichtbar.[531]

In der Unvorhersehbarkeit des Geschehens liegt der Ansatzpunkt für die erwähnte "Philosophie der Diskontinuität". Da Michel für die Entdeckung seines Ichs handelt, sind seine Entschlüsse sehr kurzfristig und nicht voraussehbar. Das spiegelt sich in der Art der Darstellung, die Michel nicht auf der "guten" oder der "bösen" Seite zuordnet. Zu Michels unvorhersehbaren Handlungen paßt, daß in den Einstellungen Nr. 38 und 39 ein deutlicher Akzent auf die Pistole gesetzt wird, der sterbende Polizist aber kaum beachtet wird (Nr. 40). Michels Tat wird nicht verurteilt, indem auf die menschliche Seite des Polizisten hingewiesen wird. Sie wird ohne moralischen Kommentar des Regisseurs dokumentiert. Überdies bezieht diese Dokumentation auch Michels speziellen Blick auf das Geschehen mit ein. Michels besonderes Verhältnis zu der Pistole hatte sich bereits vorher angedeutet: In den Einstellungen 20 und 21 zielt Michel aus dem rechten Seitenfenster hinaus, und ein unnatürlich hallender Schuß ertönt. Man kann davon ausgehen, daß Michel nur in Gedanken geschossen hat, wie zuvor in Einstellung 19. Ein richtiger Schuß hätte sich wahrscheinlich auf die Geschichte ausgewirkt. Durch die Montage und vor allem den Ton wird auch hier nicht nur beobachtet, sondern Michels spontane Gedanken gezeigt, ohne diese ausführlich zu erklären.

Fernerhin sei erwähnt, daß hier wieder ein Achsensprung vorliegt, da man Michel erst von seiner linken und jetzt von seiner rechten Seite aus sieht. Reisz / Millar sehen hier die durch die langsamen Großaufnahmen hervorgerufene lyrische Seite des Films.[532]

---

[530]vgl. Furler, A.; Ruggle, W.; Vogler, R.: Kinozeit. 100 Jahre in 50 Filmen. a. a. O., S. 75
[531]ebd., S. 74
[532]vgl. Reisz, K.; Millar, G.: Geschichte und Technik der Filmmontage. a. a. O., S. 233

3.8.3.6 Andere Autoren der Nouvelle Vague: Truffaut und Resnais

Hier sei noch kurz auf die Regisseure *Francois Truffaut* und *Alain Resnais* eingegangen. Ihr Werk zeigt weitere Aspekte, denen sich Filme der Nouvelle Vague widmeten. Truffaut wird im Gegensatz zum Revolutionär Godard als der 'Traditionalist der Nouvelle Vague'[533] bezeichnet. Er entwickelte bereits 1954 das Schlagwort der *"politique des auteurs"*[534].

Wichtige Filme aus Truffauts Anfangszeit sind "Les 400 coups" ("Sie küßten und sie schlugen ihn", 1959), "Tirez sur le pianiste" ("Schießen sie auf den Pianisten", 1961) und "Jules et Jim" ("Jules und Jim", 1962). Sie waren die ersten größeren Publikumserfolge der Nouvelle Vague. Truffauts Filme vereinigen verschiedene Stimmungen von Freude bis Verzweiflung in sich, als wenn sie unveränderte Ausschnitte aus dem täglichen Leben zeigten. Dies korrespondiert mit seiner Zielsetzung einer Genre-Vermischung. Daß Truffaut ein Schüler Bazins war, zeigt sich an den langen Einstellungen vor allem in "Les 400 coups". Diese werden zur Wahrung der Kontinuität notfalls auch durch relativ unauffällige jump cuts verbunden.[535]

Gemäß der Philosophie der Diskontinuität werden Zeitsprünge gemacht, die z. B. in "Schießen sie auf den Pianisten" nur noch schwer nachzuvollziehen sind. In diesem Film spielt das Motiv der Zerrissenheit auch in Symbolen und der mise-en-scene eine große Rolle.

In "Les 400 coups" wird der Protagonist Antoine von einer Sozialarbeiterin befragt. Aber nur er erscheint im Bild und seine Aussagen werden mit Blenden verbunden. Kein konventionell orientierter Regisseur hätte eine Dialog-Szene so aufgelöst, doch in diesem Moment sind nur Antoine und die Offenbarung seiner innersten Beweggründe wichtig, und das zeigt die Form.

Truffaut hatte einige individuelle, technische Vorlieben. Z. B. nutzte er die Blende nicht nur zur Andeutung von vergangener Zeit, sondern auch zur visuellen Verbindung und Darstellung komplizierter, innerer Vorgänge. Außerdem hatte er eine Vorliebe für Standbilder und Kreisblenden.[536]

Auch Alain Resnais widmet sich der Darstellung des Inneren. Bei ihm geht es hauptsächlich um Darstellungsformen bei der Zeitkonstruktion von Handlungsabläufen und bei der Einflechtung von Erinnerungen oder Phantasien.[537] Sein erster Film "Hiroshima, mon amour" (1959) widmet sich der Vermischung von Gegenwart mit der Erinnerung. "L'Année dernière à Marienbad" ("Letztes Jahr in Marienbad", 1961) zeigt weniger Handlung

---

[533]vgl. Furler, A.; Ruggle, W.; Vogler, R.: Kinozeit. 100 Jahre in 50 Filmen. a. a. O., S. 69
[534]vgl. Monaco, J.: Film verstehen. a. a. O., S. 365
[535]vgl. Reisz, K.; Millar, G.: Geschichte und Technik der Filmmontage. a. a. O., S. 221f.
[536]ebd., S. 219f.
[537]vgl. Monaco, J.: a. a. O., S. 290

und dafür eine *elliptische* und *fragmentarische* Erzählstruktur. Die Form dieses Films weist eine gewisse Traumhaftigkeit auf und bemüht sich nicht um Kontinuität. Nach Art des caméra-stylo erzählt Resnais nicht nur mit der Flexibilität eines Romans, sondern spiegelt auch die psychologische Komplexität in der Filmform.[538] In "Je t'aime, je t'aime" ("Ich liebe dich, ich liebe dich", 1968) zerstückelt er die Handlung, indem er die Chronologie völlig vernachlässigt und sogar Szenen wiederholt.[539] Diese Form der Montage, die Abschweifungen von der Handlung, Rück- und Vorblenden erlaubt, wird auch *Schachtel-Montage* ("involuted montage") genannt.[540] Die Anordnung der Fragmente, die Montage bestimmt bis ins Detail die gesamte Bedeutung der Filme.[541]

4. Schluß

In meiner Arbeit habe ich die verschiedenen theoretischen Zugänge zur narrativen Filmmontage erläutert und an konkreten Beispielen illustriert. Hier hat sich eine Einteilung in vier große Gruppen herauskristallisiert.

Um eine abschließende Kategorisierung vorzunehmen, unterscheide ich zunächst die beiden Extreme in der Kunst der narrativen Filmmontage: Auf der einen Seite hat die realistische Darstellung die oberste Priorität. Hier ist an erster Stelle der stilistisch ausgereifte, italienische Neorealismus zu nennen. Der Inhalt, also die realen zugrunde liegenden Gegebenheiten und die Darstellung von Laiendarstellern an Originalschauplätzen, ist bei dieser Stilrichtung konkordant mit den realistischen Formelementen. Auf der anderen Seite wird die Montage genutzt, um den Einstellungen einen Sinn zu geben, der nicht durch sie selbst gegeben wird. Allen voran ist hier der Russe Eisenstein zu nennen. Er hat die Erforschung der Einwirkungsmöglichkeiten auf den Betrachter sicherlich am differenziertesten vorangetrieben.

Die sich gegenüberliegenden Extreme werden auch als Realismus und Expressionismus bezeichnet. Zwischen diesen beiden Extremen befinden sich unterschiedliche Abstufungen beim Einsatz der Montage. Sie wenden sich entweder eher in Richtung Reproduktion oder Verfremdung der Wirklichkeit.

Entlang einer imaginären Achse zwischen beiden teilt eine feinere Aufgliederung die Nutzung der Montage für die filmische Narration in vier Hauptlinien auf. Diese korellieren mit meiner Aufteilung der Filmausschnitte:

---

[538]vgl. Reisz, K.; Millar, G.: a. a. O., S. 238
[539]vgl. Monaco, J.: a. a. O., S. 290
[540]ebd., S. 205
[541]vgl. Reisz, K.; Millar, G.: a. a. O., S. 238

Die realistisch orientierte Nutzung der Montage:

1. Die eingeschränkte Nutzung aller Möglichkeiten der Montage zugunsten eines hohen Realismus der Darstellung:

Die Montage soll die Realität nicht verfremden. Die Zusammenfügung der Einstellungen soll dem Betrachter keine Deutungen nahelegen, sondern nur das Erkennen der Realität ermöglichen. Deshalb ist die mise-en-scene hier die Grundlage der filmischen Erzählung. Die Regisseure des italienischen Neorealismus machten Filme in dieser Form.

2. Die klassische, narrative Montage:

Sie bemüht sich um eine flüssige Erzählung und ahmt die Wahrnehmung nach. Außerdem betont sie die Dramatik von Geschehnissen. Dabei handelt es sich um das Hauptanliegen der klassischen Narration und des von Griffith abstammenden Hollywood-Stils.

Die realitätsverfremdende Nutzung der Montage:

3. Der Einsatz der Montage durch den Filmschaffenden für seinen individuellen Stil des filmischen Erzählens:

Godard und andere Regisseure der Nouvelle Vague wenden sich fast völlig von der klassischen, narrativen Montage, die von Griffith abstammt, ab. Er bringt auf diese Weise philosophische Überzeugungen zum Ausdruck.

4. Der stark fragmentierende Einsatz von Montage zur Beeinflussung des Betrachters:

Das fragmentierte Ereignis dient der massiven Beeinflussung des Zuschauers bis hin zum Hervorrufen intellektueller Schlußfolgerungen. Teilweise wird dafür ganz auf die Narration verzichtet. Dieser abstrakte Zugang versucht, die Möglichkeiten der Montage auf emotionaler und wissenschaftlicher Ebene zu verbinden. Hier läßt sich die russische Montage-Doktrin einordnen.

Méliès bleibt, wie schon zu Beginn beschrieben, außen vor, da er in der narrativen Tradition des Theaters erzählte.

Natürlich gibt es auch zahlreiche Mischformen. Selbst der schärfste Vertreter der Montage-Doktrin, Eisenstein, nutzte für seine narrativen Passagen die klassische, amerikanische Montage. Zudem ist er der Regisseur und Theoretiker, dessen Erkenntnisse immer wieder aufgegriffen wurden.

Von Stroheim verband früh die klassische Montage mit vielen realistischen Elementen. Auch Antonioni verfuhr in erster Linie realistisch, indem er sich auf die mise-en-scene konzentrierte. Bei ihm setzte die Anwendung der Montage aber zudem gezielte Akzente.

Auch Orson Welles' "Citizen Kane" und Hitchcocks Filme weisen

Mischformen auf. Welles vermischte die realistische Darstellungsweise mit Montagesequenzen, die die Kontinuität von Raum und Zeit nicht wahren. Hitchcock verband die Découpage classique mit seiner schockierenden Montage, die in der russischen Montage-Doktrin wurzelt.

Fernerhin gab es Übereinstimmungen bei den Zielen der verschiedenen Montageströmungen. Die sich formal widersprechenden Stile des italienischen Neorealismus und der russischen Montage-Doktrin sind beide revolutionär und zielen auf die intellektuelle Einbindung des Zuschauers. Beide versuchten die Aufdeckung von Zuständen in der Realität.

Alles in allem zeigt sich, daß früh in der Filmgeschichte die Möglichkeiten entdeckt wurden, die die Montage für die Narration eröffnet. Bald darauf hatte man herausgefunden, daß die Montage den Bildinhalten auch einen neuen Sinn geben kann. Nach einer Phase, in der der Realismus die Hauptströmung war, wurde die Individualität des Filmemachers und die Betonung der Philosophie hinter den Filmen grundlegend. Die unterschiedlichen Montageprinzipien erwuchsen zum Teil aus den vorausgegangenen und hatten nach und nach ihre Blütezeit. Das zeigt, daß das Potential der Montage schrittweise entdeckt wurde. Deshalb kann man davon ausgehen, daß weiterhin immer wieder Zugänge zur Montage zu entdecken sind. Allein die Entwicklung des Musik-Videoclips und so außergewöhnlicher Filme wie "Pulp Fiction" bieten reichlich Material, um neue Montageprinzipien zu erforschen.

5. Literaturverzeichnis

ALLGEMEINE ÜBERBLICKSWERKE:

Monographien:
·**Dadek, Walter:** *Das Filmmedium. Zur Begründung einer Allgemeinen Filmtheorie.* München / Basel. 1968.
·**Furler, Andreas; Ruggle, Walter; Vogler, Roland (Hg.):** *Kinozeit. 100 Jahre in 50 Filmen.* Zürich. 1996.
·**Gregor, Ulrich; Patalas, Enno:** *Geschichte des Films.* Gütersloh. 1962.
·**Monaco, James:** *Film verstehen.* Reinbek bei Hamburg. 1980.
·**Reisz, Karel; Millar, Gavin:** *Geschichte und Technik der Filmmontage.* München. 1988.
·**Scheugl, Hans; Schmidt, Ernst jr.:** *Eine Subgeschichte des Films. Lexikon des Avantgarde-, Experimental- und Undergroundfilms.* 1. Band. Frankfurt am Main. 1974.

Sammelbände:
·**Beller, Hans (Hg.):** *Handbuch der Filmmontage.* München. 1995.
daraus:
Beller, Hans: *Aspekte der Filmmontage - Eine Art Einführung.* S. 9 - 32.
Peters, Jan Marie: *Theorie und Praxis der Filmmontage von Griffith bis heute.* S. 33 - 48.
·*Die Chronik des Films.* Chronik Verlag im Bertelsmann-Lexikon Verlag GmbH. Augsburg / Gütersloh / München. 1996.
·**Rother, Rainer (Hg.):** *Sachlexikon Film.* Reinbek bei Hamburg. 1997.

konsultierte Literatur:
·**Rotha, Paul:** *Documentary Film.* London. 1952.

Zeitschriften:
·**Zurhake, Monika:** *Die Montage als emotional-kognitives Gestaltungselement des Films.* In: Literaturwissenschaft und Linguistik (LiLi). Nr. 46. S. 33 - 45.

ANFÄNGE DES FILMSCHNITTS:

Zeitschriften:
·**Bottomore, Stephen:** *Shots In The Dark. The Real Origins Of Film Editing.* in: Sight & Sound - International Film Quarterly. Volume 57. No. 3 Summer

1988. S. 200 - 204
·Salt, Barry: *Film Form 1900 - 1906.* In: Sight & Sound. Summer
1978. S. 148 - 153.

ZU GEORGES MÉLIÈS:

Monographien:
·Hammond, Paul: *Marvellous Méliès.* London. 1974.
·Robinson, David: *Georges Melies.* Father of Film Fantasy. London. 1903.

Fernsehsendung:
·*"Méliès-Zaubereien"* von Jacques Mény. ausgestrahlt im Rahmen eines
Themenabends auf *arte* am 23.12.1997.

ZUR HOLLYWOOD-KLASSIK:

Monographien:
·Mascelli, Joseph: *The Five C's of Cinematography. Camera Angles.*
Continuity. Close-ups. Composition. Hollywood. 1965.
·Solomon, Stanley J.: *The Film Idea.* New York. 1972.

konsultierte Literatur:
·Vidor, King: *On Film Making.* New York. 1972. Film Form and the Editing
Process. S. 117 - 138.

ZUR RUSSISCHEN MONTAGE:

Monographien:
·Eisenstein, Sergej M.: *Das dynamische Quadrat. Schriften zum Film.*
Leipzig / Köln. 1988.
daraus die Aufsätze:
Montage der Attraktionen. S. 10 - 16.
Montage der Filmattraktionen. S. 17 - 45.
Die Zukunft des Tonfilms. Ein Manifest. S. 154 - 156.
konsultiert:
Das dynamische Quadrat. S. 157 - 176.
·Eisenstein, Sergej M.: *Schriften 1 / Streik.* Herausgegeben von Schlegel,
Hans Joachim. München. 1974
daraus die Aufsätze:
'Streik'-Protokoll. S. 73 - 184.

Das Teufelsnest. S. 212 - 213.
Zur Komposition des 'Streik'-Finale. S. 274 - 282.
·**Eisenstein, Sergej M.:** *Schriften 3 / Oktober.* Herausgegeben von Schlegel,
Hans Joachim. München. 1975.
daraus die Aufsätze:
Die Geburt des intellektuellen Films. S. 169 - 178.
Perspektiven. S. 187 - 200.
Dramaturgie der Film-Form. S. 200 - 225.
Das Prinzip einer Filmkunst jenseits der Einstellung. S. 225 - 241.
Intellektuelle Montage. S. 242 - 243.
·**Lindgren, Ernest:** *The Art of Film.* London. 1948.
·**Pudowkin, Wsewolod I.:** *Über die Film-Technik.* Köln. 1979.
·**Wuss, Peter:** *Sergej M. Eisenstein (II). Innere Rede und Komposition.* S. 308
- 322. in: **Wuss, Peter:** *Kunstwert des Films und Massencharakter des
Mediums.* Berlin. 1990. S. 308 - 322.

Sammelbände:
·**Bulgakowa, Oksana:** *Montagebilder bei Sergej Eisenstein.* in: **Beller, H.:**
Handbuch der Filmmontage. S. 49 - 77. München. 1995.
·**Pudowkin, Wsewolod I.:** *Über die Montage.* in: **Witte, Karsten (Hg.):**
Theorie des Kinos. Ideologiekritik der Traumfabrik. Frankfurt/Main. 1972.
S. 113 - 127.
·**Wulff, Hans J.:** *Der Plan macht's - Wahrnehmungspsychologische
Experimente zur Filmmontage.* in: Beller, Hans (Hg.): Handbuch der
Filmmontage. München. 1993. S. 178 - 189.

konsultierte Literatur:

Monographien:
·**Vertov, Dziga:** *Schriften zum Film.* Herausgegeben von Wolfgang
Beilenhoff. München. 1973.

Zeitschriften:
·**Eisenstein, S. M.:** *Lehrprogramm für Theorie und Praxis der Regie. / Über
die Lehrmethode des Faches Regie.* in: Filmkritik. 18. Jg., 12. Heft. Nr. 216
der Gesamtfolge. 1. Dez. 1974. S. 538 - 569.
·**Maetzig, Kurt:** *Neuerweckung der Bildmontage.* In: Film-Wissenschaftliche
Mitteilungen (DDR). Nr. 2/1963. S. 373 - 381.

ZU VON STROHEIM:

Monographien:
·Curtiss, Thomas Quinn: *Von Stroheim*. London. 1971.
·Jacobsen, Wolfgang; Belach, Helga; Grob, Norbert: *Erich von Stroheim*.
Berlin. 1994.
·Weinberg, Herman G.: *The Complete Greed*. New York. 1972.

ZU ORSON WELLES:

Monographien:
·Bazin, André: *Orson Welles. Mit einem Vorwort von Francois Truffaut*.
Wetzlar. 1980.
·Fischer, Jens Malte: *"Citizen Kane" - eine Filmanalyse*. in: Fischer, Jens
Malte: *Filmwissenschaft - Filmgeschichte. Studien zu Welles, Hitchcock,
Polanski, Pasolini und Max Steiner*. Tübingen. 1983. S. 107 - 133.
·Mulvey, Laura: *Citizen Kane*. London. 1992.

Sammelbände:
·Buchka, Peter: *Kommentierte Filmographie. Citizen Kane*. in: Jansen, Peter
W.; Schütte, Wolfram: *Orson Welles*. Reihe Film 14. München, Wien. 1977.
S. 55 - 67.
·Heim, Jo: *Die Montage bei CITIZEN KANE. Makroanalyse eines Klassikers*.
in: Beller, H.: Handbuch der Filmmontage. München. 1995. S. 190 - 203.

ZUM ITALIENISCHEN NEOREALISMUS:

Monographien:
·Bazin, André: *Was ist Kino ? Bausteine zu einer Theorie des Films*. Köln.
1975.
daraus die Aufsätze:
Die Entwicklung der kinematographischen Sprache. S. 28 - 44.
Der kinematografische Realismus und die Schule der Befreiung. S. 130 - 155.
·Tonetti, Claretta: *Luchino Visconti*. London. 1987.

konsultierte Literatur:
·Rohmer, Eric: *Die "Summe" von Bazin*. in: Bazin, André: *Was ist Kino ?
Bausteine zur Theorie des Films*. S. 7 - 18. Köln. 1975.
·Truffaut, Francois: *"Il faisait bon vivre"* in: Bazin, André: *Was ist Kino ?
Bausteine zu einer Theorie des Films*. S. 166 - 168. Köln. 1975.

ZU HITCHCOCK:

Monographien:

·Finler, Joel W.: *Alfred Hitchcock. The Hollywood Years.* London. 1992.

·Fischer, Jan Malte: *Der Zuschauer als Komplize. Beobachtungen zu den Thrillern Alfred Hitchcocks.* in: Fischer, Jan Malte: *Filmwissenschaft - Filmgeschichte. Studien zu Welles, Hitchcock, Polanski, Pasolini und Max Steiner.* Tübingen. 1983. S. 135 - 155.

·Manz, H. P.: *Alfred Hitchcock. Eine Bildchronik.* Zürich. 1962.

·Salje, Gunther: *Hitchcock. Regieanalyse - Regiepraxis.* Röllinghausen. 1996.

ZU ANTONIONI:

Monographien:

·Kock, Bernhard: *Michelangelo Antonionis Bilderwelt.* München und Berlin. 1994

·Salje, Gunther: *Antonioni. Regieanalyse - Regiepraxis.* Röllinghausen. 1994.

·Schüler, Rolf: *Antonioni. Die Kunst der Veränderung.* Berlin. 1993.

Sammelbände:

·Lenssen, Claudia: *Kommentierte Filmographie. L'Eclisse.* S. 146 - 158. In: Jansen, Peter W.; Schütte, Wolfram: *Michelangelo Antonioni.* Reihe Film 31. München. 1984.

ZU GODARD:

Sammelbände:

·Godard / Kritiker: *Ausgewählte Kritiken und Aufsätze über Film (1950 - 1970).* München. 1971.
daraus:
Verteidigung und Darlegung der klassischen Einstellungsfolge. S. 21 - 28.
Schnitt, meine schöne Sorge. S. 38 - 40.

·Paech, Joachim: *Wiping - Godards Videomontage.* in: Beller, Hans: *Handbuch der Filmmontage.* München. 1995. S. 242 - 251.

konsultierte Literatur:

·Godard, Jean-Luc: *Einführung in eine wahre Geschichte des Kinos.* München, Wien. 1981.

·MacCabe, Colin: *Godard: Images, Sounds, Politics.* London and Basingstoke. 1980.

6. Anhang

6.1 Liste der Videoausschnitte

Nr.	Titel	Dauer	Zugehöriges Kapitel	Anhang Seite
1	Georges Méliès - "Voyage à travers l'Impossible" ("Die Reise durch das Unmögliche", 1904)	6'37''	3.2.3, S. 18	115
2	Edwin S. Porter - "The Great Train Robbery" ("Der große Eisenbahnraub",1903)	10'29''	3.3.1.2, S. 21	115
3	David W. Griffith - "The Birth of A Nation" ("Die Geburt einer Nation", 1915) ➤ *Die Ermordung Lincolns*	5'17''	3.3.3.3, S. 32	116
4	Cecil B. DeMille - "The Plainsman" ("Der Held der Prairie", 1936) ➤ *Eine Szene mit vier Personen*	5'42''	3.3.4, S. 34	121
5 a) b)	Wsewolod I. Pudowkin - "Matj" ("Die Mutter", 1926) ➤ *Der Vater verprügelt die Mutter.* ➤ *Der Sohn freut sich auf die Freiheit.*	3'09'' 1'12'	3.4.1.5, S. 41	124 128
6 a) b)	Sergej M. Eisenstein - "Statschka" ("Streik", 1923/24) ➤ *Niederschießung der Streikenden* "Oktjabr" ("Oktober", 1927/28) ➤ *Göttersequenz*	1'21' 1'05''	3.4.2.3, S. 48 3.4.2.5, S. 52	130 133
7	Erich von Stroheim - "Greed" (1923) ➤ *Die Heirat von Trina und McTeague*	6'27''	3.6.2.3, S. 65	135
8	Orson Welles - "Citizen Kane" (1941) ➤ *Kane wird seinem Vormund übergeben.*	4'59''	3.6.3.5, S. 73	140
9	Luchino Visconti - "La terra trema" ("Die Erde bebt", 1948) ➤ *Ntoni heuert an und wird verhöhnt.*	3'34''	3.7.3.2, S. 80	142

10	Alfred Hitchcock - "**Psycho**" (1960) ➤ *Duschmord*	3'12''	3.8.1.2, S. 86	143
11	Michelangelo Antonioni - "**L'Eclipse**" ("**Liebe 1962**", 1962) ➤ *Anfangssequenz*	10'24''	3.8.2.4, S. 92	147
12	Jean-Luc Godard - "**À bout de souffle**" ("**Außer Atem**", 1959) ➤ *Michel erschießt einen Polizisten.*	3'53''	3.8.3.5, S. 101	153

6.2 Szenenprotokolle

Hinweis: Sich innerhalb von Tabellen befindende Fußnoten werden nach der letzten Tabelle zusammengefaßt.

1. "VOYAGE À TRAVERS L'IMPOSSIBLE" ("DIE REISE DURCH DAS UNMÖGLICHE", 1904)[1] - Georges Méliès

Nr.	Dauer	Geschehen	Ton
1	9 s 3 s	*Totale*[2] Vier Personen steigen in einen Zug. *Überblendung* auf...	Durchgängig Klavierbeglei-tung
2	11 s 3 s	...einen Berg. Ein Zug fährt ihn hinauf. Als er oben angekommen ist, fliegt er weiter. *Überblendung* auf...	Akzente in der Musik
3	31 s	...einen Himmel mit Wolken. Der Zug fliegt weiter, bis zu den Sternen.	Harmonischere dann dramati-schere Töne
4	59 s 4 s	Hinter Wolken kommt die Sonne zum Vorschein. Der Zug fliegt in den Mund der Sonne, woraufhin sie Feuer spuckt. *Überblendung* auf...	Harmonischere Töne
5	16 s	...eine bizarre Landschaft. Der Zug fällt hier auf den Boden und brennt so lichterloh, daß das ganze Bild rot ausgefüllt wird.	
6	42 s 3 s	Der Rauch verzieht sich. Die Passagiere steigen aus und gehen nach links aus dem Bild. *Überblendung* auf...	
7	2'19 s	...einen anderen Teil der Landschaft. Die	schwere Töne,

		Passagiere kommen *von rechts ins Bild.* In ihrer Nähe tritt Feuer aus dem Boden. Sie holen von rechts einen Eis-Waggon ins Bild und steigen ein, bis auf eine Person. Dieser Mann findet dann die Zusammengefrorenen im Wagen wieder. Er zündet ein Feuer unter ihnen an und taut sie wieder auf. Er hilft ihnen aus dem Waggon und sie *verlassen das Bild nach rechts.*	dynamische Elemente
8	43 s	In einem anderen Teil der Landschaft. *Von links* wird eine Rakete ins Bild gezogen. Die Personen steigen ein und die Rakete bewegt sich *nach rechts* weg.	schwere Töne
	2 s	*Überblendung* auf...	
9	5 s	...einen Berghang. *Von links* kommt die	Tonleiter
	1 s	Rakete ins Bild. Sie fällt von dem Hang herunter. *Überblendung* auf...	abwärts
10	3 s	...Himmel. Die Rakete fällt an einem Fallschirm durchs Bild.	
11	2 s	Die Rakete fällt ins Meer.	
12	8 s	Die Rakete schwimmt als U-Boot im Meer.	
	1 s	*Abblende*	
6'37''			

2. "THE GREAT TRAIN ROBBERY" ("DER GROßE EISENBAHNRAUB", 1903)[3] - Edwin S. Porter

Nr.	Dauer	Geschehen	Ton
1	1'07 s	*Totale*[4] Zwei Räuber betreten ein Eisenbahn-Telegraphenbüro. Sie zwingen den Angestellten, das Haltesignal zu setzen, schlagen ihn nieder und fesseln ihn.	dramatische Musik mit dunklen Tönen
2	36 s	Der Zug hält, um Wasser aufzufüllen. Vier Räuber betreten den Zug unbemerkt.	Musik wird schneller.
3	1'02 s	Ein Eisenbahn-Angestellter schließt eine Kiste ab und wirft den Schlüssel aus dem Zug, als er die Räuber bemerkt. Die Räuber erschießen ihn und sprengen die Kiste.	
4	37 s	Die Räuber betreten den Tender und werfen den Heizer vom Zug. *Die Kamera befindet sich hier auf dem fahrenden Zug.*	
5	16 s	Zwei Räuber bedrohen den Zugführer neben	

		dem stehenden Zug. Er koppelt die Lok ab, alle drei steigen wieder ein und fahren los.	
6	1'49	Die Passagiere müssen sich neben dem Zug aufstellen. Ein Mann will fliehen und wird erschossen. Nachdem sie beraubt worden sind, eilen die Passagiere zu dem Niedergeschossenen.	Musik unter- streicht Tragik
7	18 s	Die Räuber laufen mit der Beute in die abgekoppelte Lok und fahren ab.	
8	16 s	Die Lok hält an, die Räuber springen heraus und laufen einen Abhang hinunter. *Die Kamera schwenkt von rechts nach links mit.*	
9	50 s	Die Räuber laufen in einem Tal zu ihren Pferden und reiten weg. *Die Kamera schwenkt wieder von rechts nach links mit.*	ruhigere Musik
10	55 s	Im Telegraphenbüro erwacht der Angestellte, fällt aber wieder hin. Ein Mädchen kommt zu ihm und hilft ihm auf die Beine.	Musik wird schneller und wieder ruhiger.
11	1'12 s	In einem Tanzlokal macht man sich über einen Mann lustig und schießt nah an seine Füße, damit er tanzt. Der niedergeschlagene Angestellte betritt den Raum und berichtet. Daraufhin folgen ihm alle.	fröhlichere Musik, dramatische Elemente setzen ein.
12	29 s	Die Räuber werden über einen Waldweg gejagt. Einer wird vom Pferd geschossen.	
13	58 s	Die Räuber werden im Wald mit ihrer Beute entdeckt. Die Retter schleichen sich an und schießen sie nieder.	ruhigere und schnellere Elemente
14	4 s	*Nah* Ein Räuber schießt in Richtung Kamera. *symbolische Schlußeinstellung.*	
	10'29''		

3. "THE BIRTH OF A NATION" ("DIE GEBURT EINER NATION", 1915) - David W. Griffith

>*Die Ermordung Lincolns*

Nr.	Dauer	Geschehen	Ton
1	17 s	*Kreisblende macht aus einer Halbnahen eine Raumtotale* Benjamin Cameron und Elsie Stoneman sind im Theater und setzen sich auf ihre Plätze am unteren Bildrand im Vordergrund, im Hintergrund die Bühne	Musik

2	2 s	*Halbnah* Benjamin reicht Elsie sein Opernglas	
3	4 s	*Zwischentitel* The play "Our American Cousin" starring Laura Keene	
4	7 s	*Raumtotale* (wie 1) Der Vorhang öffnet sich, das Stück beginnt	
5	3 s	*Bühnentotale* Die Schauspieler spielen	
6	4 s	*Raumtotale* (wie 1) Die Zuschauer applaudieren	
7	5 s	*Halbnah* (wie 2) Benjamin und Elsie betrachten die Bühne	
8	3 s	*Bühnentotale* (wie 5)	
9	8 s	*Raumtotale* (wie 1)	
10	4 s	*Zwischentitel* Time, 8:30. The arrival of the President, Mrs. Lincoln, and party	Musik wird etwas zurück-haltender
11	8 s	*Halbtotal* Lincolns Begleiter, seine Familie und er selber gehen eine Treppe hinauf und verlassen das Bild nach rechts, in Richtung der Logentür	
12	3 s	*Totale der Loge vom Zuschauerraum aus gesehen* Die Begleiter erscheinen	
13	5 s	*Halbtotal* (wie 11) Lincoln gibt einem Diener seinen Hut und verschwindet in der Tür	
14	4 s	*Totale der Loge* (wie 12) Lincoln erscheint neben seinen Begleitern in der Loge	
15	5 s	*Halbnah* (wie 2) Benjamin und Elsie bemerken Lincoln, applaudieren und stehen auf	Musik wird fröhlicher, triumphaler
16	2 s	*Raumtotale* (wie 1) Das Publikum steht auf und applaudiert, rechts von der Bühne, im Hintergrund die Präsidentenloge	
17	2 s	*Totale der Loge* (wie 12) Lincoln und seine Begleiter stehen in der Loge	

18	2 s	*Raumtotale* (wie 16)	
19	5 s	*Totale der Loge* (wie 12) Lincoln und die Begleiter setzen sich	
20	6 s	*Zwischentitel* Mr. Lincoln's personal bodyguard takes his post outside the Presidential box	leisere Musik mit Klarinette und Querflöte
21	10 s	*Halbtotal, (etwas nach rechts versetzte Kameraposition im Vergleich zu 11)* Der Bodyguard setzt sich vor die Tür der Loge	
22	5 s	*Raumtotale* (wie 1) Die Aufführung läuft weiter	
23	9 s	*Totale der Loge* (wie 12) Lincoln ergreift die Hand seiner Frau.	
24	3 s	*Halbtotale des Zuschauerraums* Winkende Hände der Zuschauer im Zuschauerraum, im Hintergrund die Präsidentenloge, rechts daneben eine andere Loge	
25	8 s	*Halbtotale der Bühne* Die Schauspieler spielen.	
26	5 s	*Zwischentitel* To get a view of the play, the bodyguard leaves his post.	
27	3 s	*Halbtotal* (wie 21) Der Leibwächter wird ungeduldig.	Dramatischere Anteile in der Musik
28	3 s	*Halbtotale der Bühne* (wie 25)	
29	7 s	*Halbtotal* (wie 21) Der Leibwächter steht auf, stellt den Stuhl weg.	
30	3 s	*Raumtotale* (wie 1) Eine *Kreisblende (diagonale Schlitzblende⁵) schließt sich* und deutet leicht auf die Präsidentenloge und die Loge rechts daneben, die der Leibwächter betritt.	
31	4 s	*Halbtotal* Eine *Kreisblende* zeigt auf den Leibwächter, der in der Loge Platz nimmt.	
32	2 s	*Zwischentitel*: Time, 10:30. Act 3, Scene 2.	
33	4 s	*Raumtotale* (wie 1), durch diagonale Schlitzblende reduziert auf die Logen im rechten	

		Hintergrund	
34	6 s	*Halbnah* (wie 2) Elsie und Benjamin, Elsie zeigt auf etwas in Richtung Bühne oder Loge.	
35	1,5 s	*Zwischentitel*: John Wilkes Booth	
36	1,5 s	*Kreisblende im Bildmittelpunkt* auf den Kopf und die Brust von John Wilkes Booth	
37	6 s	*Halbnah* (wie 2) Elsie und Benjamin, Elsie blickt durchs Opernglas	mehr dramatische Anteile
38	2 s	*Kreisblende* (wie 36) Booth	
39	5 s	*Halbtotale des Zuschauerraums* (wie 24) das zuschauende Publikum von hinten, darüber die Logen	
40	4 s	*Kreisblende* (wie 36) Booth	
41	3 s	*Halbtotale der Bühne* (wie 25)	
42	6 s	*Totale der Loge* (wie 12) Lincoln fröstelt, beginnt, sich seinen Mantel überzuziehen und dreht sich leicht in Richtung Tür.	Leise Musik
43	2 s	*Kreisblende* (wie 36) Booth bewegt sich.	
44	5 s	*Totale der Loge* Lincoln beendet das Anziehen des Mantels.	
45	5 s	durch Schlitzblende reduzierte (wie 33) *Raumtotale* öffnet sich langsam	
46	2 s	*Halbtotal mit Kreisblende* (wie 31) Der Leibwächter amüsiert sich über das Stück. Hinter ihm verläßt Booth die Loge.	
47	11 s	*Halbtotal mit leichter Kreisblende* Booth kommt durch die Logentür auf den Flur, guckt durch das Schlüsselloch von Lincolns Loge und greift zum Revolver.	
48	2 s	*Nah mit Kreisblende* Booth spannt den Revolver.	Akzente durch Blechbläser
49	9 s	*Halbtotal* (wie 47) Booth bekommt zuerst die Tür zur Präsidentenloge nicht auf, dann gelingt es ihm doch und er tritt ein.	
50	4 s	*Totale der Loge* (wie 12) Hinter Lincoln taucht Booth auf.	
51	4 s	*Halbtotale der Bühne*	bis zum

		(wie 25) Die Schauspieler spielen.	Schuß steigern sich Tonhöhe und Lautstärke
52	4 s	*Totale der Loge* (wie 12) Booth schießt auf Lincoln und springt auf die Brüstung im linken Teil der Loge.	
53	2 s	*Raumtotale* (wie 1) Booth springt auf die Bühne und reißt einen Arm hoch.	starke Akzente unterstützen Geschehen bis zum Schluß
54	2 s	*Zwischentitel:* "Sic semper tyrannis"	
55	3 s	*Halbtotale der Bühne* (wie 25) Booth gestikuliert und schreit.	
56	2 s	*Totale der Loge* (wie 12) Lincoln liegt auf seinem Stuhl. Alle sind aufgeregt.	
57	5 s	*Halbnah* (wie 2) Elsie und Benjamin blicken schockiert in Richtung Loge und stehen auf.	
58	4 s	*Raumtotale* (wie 1) Alle stehen auf. Tumult bricht aus. Im Vordergrund fällt Elsie in Ohnmacht und wird von Benjamin aufgefangen.	
59	4 s	*Totale der Loge* Ein Mann klettert an einem Vorhang in die Loge und geht zum Präsidenten.	
60	3 s	*Halbtotale des Zuschauerraums* (wie 24) Tumult. In der Loge befindet sich der Mann aus der vorherigen Einstellung bei Lincoln.	
61	12 s	*Raumtotale* (wie 1) Auf dem Tumult wird abgeblendet.	
62	10 s	*Totale der Loge* (wie 12) Lincoln wird nach hinten weggetragen. *Abblende*	traurigere Anteile
	5'17''		

120

4. "THE PLAINSMAN" ("DER HELD DER PRAIRIE", 1936) - Cecil B. DeMille

Nr.	Dauer	Geschehen	Ton
1	4 s	*Überblendung* von General Custers	Sie sprechen über das
	14 s	Büro auf *Raumtotale* der Unterkunft	Saubermachen und den
	5 s	von Will und seiner Frau Lu, die gerade	Wind. Windgeräusche
		fegt.	
	7 s	*Schwenk* nach links, der die Tür in die	
	1 s	Mitte zwischen beide nimmt. *Leichter*	
	3 s	*Schwenk* nach rechts, weil Bill zu Lu in	
	34 s	Richtung Tür geht	
2	11 s	*Amerikanisch*	
		Will umarmt Lu vor dem Türrahmen.	
3	2 s	*Halbtotal*	
		Will geht nach rechts.	
4	5 s	*Amerikanisch*	
		Zu Lu im Türrahmen kommt Jane und	
		tritt ein.	
5		*Halbtotal bis Total*	Jane beschreibt, was
	3 s	Jane geht in den Raum,	sie mitbringt.
	6 s	*Kamera fährt mit ihr zurück,*	Windgeräusche hören
		im Bildmittelpunkt legt sie Sachen auf	auf.
		den Tisch und wirft,	
	1 s	*begleitet von leichtem Schwenk*	
		Whiskyflasche hinter sich, die Will	
		auffängt.	
	36 s	Alle bewegen sich ein wenig im Raum	Sie sprechen darüber,
		in Raumtotale. Will geht mit Gardine in	was noch zu erledigen
	46 s	hinteren Teil des Raumes.	ist.
6	3 s	*Amerikanisch*	Lu und Jane sprechen
		Will mit der Gardine	über Kleider.
7	1 s	*Amerikanisch*	
		(wie 2) Bill tritt von außen in den	
		Türrahmen.	
8	1 s	*Nah*	
		Bills *point-of-view in Untersicht*	
		zwischen zwei Brettern der Tür	
		hindurch:	
		Will und die Gardine.	
9	1 s	*Amerikanisch*	Bill nennt die Gardine
		(wie 7)	entzückend und spricht
			über Pferdedecken und
			48 zu rettende
			Menschen.
10		*Amerikanisch*	
	2 s	(wie 6) Will legt die Gardine weg.	Er spricht über 48 zu
	1 s	*schneller Schwenk*	rettende Menschen.

	22 s	auf Bill im Türrahmen (wie 2). Will	
	25 s	tritt hinzu und öffnet die Halbtür.	
11	3 s	*Halbtotal*	
		Bill geht auf Lu und Jane zu.	Begrüßung
12	2 s	*Nah*	
		Bill grüßt und nimmt den Hut ab und blickt nach rechts unten auf die sitzende Jane.	
13	2 s	*Halbnah*	
		Jane in Aufsicht weicht Bills Blick aus.	
14		*Halbtotal*	
	2 s	(wie 11)	Gespräch über Custers
	3 s	*leichter Schwenk* mit Bill nach rechts.	Vorgehen
	17 s	Lu, Bill und Will am Tisch. Lu geht mit einem Vogelkäfig nach rechts weg,	
	22 s	Jane kommt hinzu.	
15	3 s	*Nah*	Bill meint, Will könne
		Bill	Custer den Weg zeigen.
16	2 s	*Nah*	
		Will	
17	2 s	*Nah*	
		(wie 15) Bill	
18	2 s	*Halbnah*	
		Lu am Vogelkäfig. Sie blickt nach links.	
19	1 s	*Nah*	
		(wie 16) Will	
20	1 s	*Halbnah*	
		(wie 18) Lu geht nach links aus dem Bild.	
21	4 s	*Amerikanisch*	
		Jane, Bill und Will am Tisch. Lu kommt von rechts hinzu.	Lu sagt, Will wird nicht mitgehen. Bill sagt, das habe er Custer gesagt. Will widerspricht. Lu redet von seinem Versprechen.
22	3 s	*Nah*	
		(wie 15) Bill blickt nach rechts zu Will.	
23	3 s	*Halbnah*	
		Will und Lu.	
24		*Amerikanisch*	
	2 s	(wie 21) Bill geht vom Tisch weg nach	
	3 s	links und wird von *Schwenk* begleitet.	
	8 s	Will und Lu kommen ihm hinterher.	

	13 s		
25	7 s	*Zwischen Nah und Halbnah* Bill blickt auf Will und Lu. (*overshoulder*)	Bill über Lincoln
26	5 s	*Halbnah* Lu an Wills Seite antwortet Bill. (*overshoulder*)	
27		*Amerikanisch*	
	2 s	Alle drei (*cut-back*)	Gespräch über
	2 s	*Schwenk* mit Bill nach rechts. Lu und	Feigheit. Lu versucht,
	11 s	Will kommen ihm hinterher.	Will zu überreden.
	15 s		
28	3 s	*Nah* Bill blickt auf Lu.	
29	3 s	*Amerikanisch* (wie Schluß von 27)	Bill über Indianeraufstände
30	13 s	*Halbnah* Will und Lu über Bills Schulter. (*overshoulder*) Will geht nach hinten und nimmt seine Jacke.	
31	3 s	*Amerikanisch* Lu und Bill	Lu fragt, warum Bill nicht geht.
32	1 s	*Nah* Jane am Tisch	
33	3 s	*Nah* Bill	
34	6 s	*Amerikanisch* (wie 31) Lu verläßt das Bild nach links. Zum Schluß ganz *leichter Schwenk* nach links.	
35	2 s	*Nah* (wie 32) Jane steht auf, verläßt das Bild nach rechts.	
36	18 s	*Halbnah* Bill geht zur Tür hinaus. Jane kommt hinterher und küßt ihn, dann verläßt er das Bild nach rechts.	Jane will Bill vor "Yellow Hand" zurückhalten, beschimpft ihn.
37		*Amerikanisch*	
	1 s	Will küßt Lu zum Abschied, geht nach	
	3 s	rechts, von *Schwenk* begleitet,	Will verabschiedet
		nimmt ein Gewehr und verläßt den	sich.
	8 s	Raum.	Jane beruhigt Lu.
	5 s	*leichte Heranfahrt* auf Lu und Jane.	
	1 s	Lu eilt zur Tür.	
	18 s		
38	2 s	*Halbnah* Lu erscheint in der Tür. Von außen	Lu weint und sagt, sie

		gesehen.	hätte Will noch etwas sagen müssen.
39	1 s	*Total* Zwei Pferde mit Reitern reiten in die Ferne.	
40	24 s	*Halbnah* (wie 38) Lu und Jane in der Tür. Jane tröstet Lu.	Lu weint, sagt sie hätte Will noch etwas sagen müssen.
	2 s	*Überblendung* auf...	
41	5 s	*Totale* ...viele Reiter. *Schwenk* verfolgt sie nach links.	
	5'42''		

5.a) "MATJ" ("DIE MUTTER" , 1926) - Wsewolod I. Pudowkin

> Der Vater verprügelt die Mutter.

Nr.	Dauer	Geschehen	Ton
1	4 s	*Amerikanisch* Der Vater, von hinten gesehen, öffnet die Tür und erscheint im Gegenlicht.	russischer Gesang mit sehr leiser Musik bis Einstellung Nr. 4
2	3 s	*Halbnah* Die Mutter sieht von ihrer Arbeit auf.	
3	11 s	*Halbtotal* Der Vater tritt durch die Tür und blickt in den Raum.	
4	3 s	*Nah* Das grimmige Gesicht des Vaters	
5	2 s	*Halbnah* Der Sohn liegt im Bett und schläft.	
6	2 s	*Nah* (wie 4)	
7	2 s	*Halbnah* Die Wanduhr wird aus der Unschärfe heraus sichtbar.	
	1 s	*Überblendung* auf...	
8	2 s	*Nah* ...ein Bügeleisen, das an der Wand hängt.	
9	2 s	*Halbnah* Die Mutter blickt von ihrer Arbeit aus in Richtung Kamera.	
10	5 s	*Amerikanisch* Der Vater steht in der Tür und läuft dann in Richtung Kamera los.	

11	4 s	*Nah* Die Mutter verfolgt mit ihrem Blick von rechts nach links offensichtlich den Weg des Vaters.	
12	3 s	*Halbnah* Der Vater nimmt das Bügeleisen von der Wand.	
13	1,5 s	*Groß* Er steckt es in seine Hosentasche.	
14	4 s	*Etwas offener als Einstellung 12.* Der Vater steht noch vor der Wand und blickt nach oben zur Wanduhr.	
15	1,5 s	*Halbnah* Die Mutter beobachtet.	
16	9 s	*Amerikanisch* (wie 14) Der Vater steht vor der Uhr, nimmt sich einen Stuhl, steigt hinauf und faßt die Uhr an.	Orchester-Musik setzt ein
17	2 s	*Halbnah* (wie 15) Die Mutter geht rechts an der Kamera vorbei.	
18	0,75 s	*Halbnah* Die Mutter, von rechts kommend, faßt den Vater, der noch auf dem Stuhl steht, an.	
19	2 s	*Nah* Der Sohn liegt im Bett und beobachtet das Geschehen.	
20	0,75 s	*Groß* Die Hände der Mutter greifen in die Kleidung des Vaters.	
21	1 s	*Groß* Das Gesicht der Mutter, die nach oben schaut in *extremer Aufsicht*	
22	0,75 s	*Groß* (wie 20) Die Hände der Mutter	
23	1 s	*Nah* Der Kopf des Vaters neben der Uhr bewegt sich nach links.	
24	0,5 s	*Nah* Der Stuhl, auf dem der Vater steht fällt um.	
25	0,5 s	*Nah* Die Uhr fällt von der Wand.	
26	1 s	*Nah* Der Kopf des Vaters schlägt auf dem Boden auf.	

27	0,75 s	*Nah* Die Uhr fällt auf den Boden.	
28	1 s	*Nah* Der Vater richtet sich mit wütendem Blick auf.	
29	2 s	*Nah* Eine Schraube rollt im Kreis. und bleibt auf dem Boden liegen.	
30	2 s	*Nah* Gesicht und Schultern des Vaters	
31	1,5 s	*Halbnah bis Nah* Die Mutter hält die Hände vor der Brust zusammen und blickt zu Boden.	
32	2 s	*Nah* Die zerschlagene Uhr liegt am Boden.	
33	4 s	*Nah* (wie 30) Der Vater blickt vom Boden nach oben.	
34	1 s	*Halbnah bis Nah* (wie 31) Die Mutter blickt vom Boden nach oben.	
35	4 s	*Nah* (wie 30) Der Vater schaut grimmig und bewegt sich rechts an der Kamera vorbei.	
36	1,5 s	*Halbnah* Die Mutter, in *Aufsicht* gesehen, weicht ängstlich zurück. Der Vater kommt von unten links ins Bild und holt zum Schlag aus.	
37	1,5 s	*Halbnah* Der Sohn steht aus dem Bett auf und läuft links an der Kamera vorbei.	
38	2 s	*Halbnah* Der Sohn greift den prügelnden Vater an und wird von ihm nach links weggestoßen.	
39	0,5 s	*Halbtotal* Der Sohn weicht stolpernd nach hinten zurück.	
40	0,5 s	*Nah* Ein Tischchen fällt um, so daß ein Hammer herunterfällt und am Boden liegen bleibt.	
41	0,75 s	*Nah* Der Hinterkopf des prügelnden Vaters in *Untersicht*	

42	0,75 s	*Amerikanisch* Der Sohn beugt sich hinunter.	
43	1 s	*Halbnah* Der Sohn hebt den Hammer vom Boden auf.	
44	1 s	*Amerikanisch* (wie 42) Der Sohn, in *leichter* *Untersicht*, hat den Hammer aufgehoben, schaut links an der Kamera vorbei und bewegt sich leicht in Richtung Kamera.	
45	1 s	*Nah* (wie 41) Der Vater blickt sich wütend um.	
46	1 s	*Amerikanisch* (wie 42) Der Sohn blickt den Vater an.	Die Musik wird etwas leiser.
47	1 s	*Nah* (wie 45) Der Vater sieht leicht nach unten.	
48	1,5 s	*Groß* Die Hand des Sohns hält den Hammer fest umschlossen.	
49	2 s	*Nah* (wie 45) Der Vater hebt den Blick wieder leicht an.	
50	1,5 s	*Halbnah* Der Sohn, in leichter Untersicht, schaut entschlossen in die Kamera und beginnt zu sprechen.	
51	1,75 s	*Titel* "Don't you dare touch mother!"	
52	0,75 s	*Halbnah* (wie 50)	
53	0,75 s	*Nah* (wie 45)	
54	5 s	*Nah* Der Vater läßt seine geballte Faust lockerer.	
55	2 s	*Halbnah* (wie 50)	
56	5 s	*Amerikanisch* Der Vater geht nach rechts aus dem Bild und läßt die Mutter zurück, die sich die Haare wieder zusammennimmt.	
57	4 s	*Amerikanisch* Der Sohn verfolgt mit den Augen von	

		rechts nach links den Vater.	kurze Musikpause
58	3 s	*Halbtotal* Der Vater geht zur Tür hinaus.	Melancholische Musik setzt ein.
59	6 s	*Amerikanisch* (wie 57) Der Sohn legt den Hammer auf den Tisch neben sich.	
60	16 s	*Total* Der Vater entfernt sich langsam und unsicher auf einem Weg vom Haus, nimmt das Bügeleisen aus seiner Tasche und sieht es an.	
61	23 s	*Halbtotal* Die Mutter, in *Aufsicht*, sammelt die Teile der Uhr vom Boden zusammen.	
	3'09''		

5.b) "MATJ" ("DIE MUTTER", 1926) - Wsewolod I. Pudowkin

> *Der Sohn freut sich auf die Freiheit.*

1	6 s	*Halbtotal* Der Sohn sitzt auf seinem Bett in der Zelle und ist von hinten zu sehen.	harmonische Musik während der ganzen Sequenz
2	1,5 s	*Groß* Er dreht sich leicht. Der untere Teil seines Gesichts ist von der Schulter verdeckt. Sein rechtes Auge blickt in Richtung Kamera.	
3	1 s	*Nah* Das Guckloch in der Zellentür.	
4	1 s	*Groß* (wie 2) Er dreht sich wieder nach vorne.	
5	14 s	*Nah* Ein Brief in seinen Händen, Untertitelung: "Everything is ready for your escape tomorrow. A protest demonstration will march to the prison."	
6	0,75 s	*Zwischentitel* "Tomorrow"	
7	0,75 s	*Detail* Die Augen des Sohns	
8	0,75 s	*Zwischentitel* "Tomorrow"	
9	1 s	*Halbtotal* Kaum erkennbar der Sohn in der	

		dunklen Zelle	
10	2 s	*Groß* Fließendes, unruhiges Wasser, in einem möglicherweise dreigeteilten *jump cut*	
11	0,75 s	*Nah* Die aufgestützte Hand des Sohnes	
12	2 s	*Nah* Ein Schatten in Form eines Kreuzes fällt auf die Bettdecke oder auf ähnlichen Stoff.	
13	2 s	*Nah* Fließendes Wasser, scheinbar in einem dreigeteilten *jump cut*	
14	3 s	*Nah* Ein lachendes Kind in *Untersicht*	
15	1 s	*Nah* (wie 13) Wasser in einem zweigeteilten *jump cut*	
16	1 s	*Nah* (wie 14)	
17	2 s	*Nah* Ein Stein fällt ins Wasser.	
18	0,75 s	*Detail* (wie 7) Die Augen des Sohns	
19	0,75 s	*Nah* (wie 13) Das Wasser, leicht unscharf	
20	0,75 s	*Halbtotal* (wie 9) Der Sohn steht vom Bett auf.	
21	0,5 s	*Nah* Der Hinterkopf und Rücken des aufstehenden Sohnes	
22	0,5 s	*Nah* Das Loch in der Wand	
23	3 Ein- zelbilder	*Nah* Der Sohn, von der Seite gesehen, bewegt den Arm von hinten nach vorne.	
24	1 s	*Nah* Der Sohn, von vorne gesehen, hämmert an die Tür.	
25	5 Ein- zelbilder	*Nah* Eine Blechtasse fällt von links zu Boden.	
26	0,5 s	*Nah* Eine Blechtasse rollt von rechts nach links durchs Bild.	

27	1 s	*Nah* Eine Blechtasse rollt von rechts ins Bild.	
28	1 s	*Halbnah* Ein Gefängniswärter	
29	1 s	*Halbnah* Der Sohn trommelt mit den Fäusten gegen die Tür.	
30	1,5 s	*Halbnah* Der Wärter steht auf und geht nach rechts aus dem Bild.	
31	1 s	*Halbnah* (wie 29)	
32	1 s	*Halbnah* Der Wärter horcht an der Tür.	
33	4 s	*Halbtotal* Im Dunkeln, schlecht erkennbar, tanzt der Sohn in der Zelle.	
34	1,5 s	*Halbnah* (wie 32)	
35	2 s	*Zwischentitel* "He's gone crazy"	
36	0,75s	*Halbnah* (wie 32)	
37	1 s	*Halbtotal* (wie 33)	
38	3 s	*Groß* Auf dem lachenden Gesicht des Sohnes wird *abgeblendet*.	
	1'12''		

6.a) "STATSCHKA" ("STREIK", 1923/24) - Sergej M. Eisenstein[6]

> *Niederschießung der Streikenden*

Nr.	Dauer	Geschehen	Ton
1	2 s	*Titel* Schlachthof	durchgängig dramatische
2	0,5 s	*Groß* Eine blutverschmierte Metzgerhand holt aus.	Musik. In der deutschen Version übersetzt
3	2 s	*Halbtotal - leicht von oben* Arbeiter und Frauen rennen und fallen einen Abhang hinunter.	ein Sprecher die Zwischentitel.
4	1,5 s	*Total - leicht von oben* Sie kommen hinter kahlen, winterlichen Sträuchern den Abhang hinauf.	

5	1 s	*Halbtotal* Sie rennen an der Kamera vorbei den Abhang hinauf.	
6	0,5 s	*Total - leicht von oben* (wie 4) Sie rennen den Abhang hinauf; die ersten rennen an der Kamera vorbei.	
7	0,5 s	*Groß* Die Metzgerhand mit dem Messer holt aus.	
8	0,5 s	*Nah* Das Messer fährt ins Genick eines Rindes.	
9	1 s	*Amerikanisch - leicht von oben* Das Rind knickt zusammen.	
10	1 s	*Groß - von unten* Halt suchende Hände von Arbeitern	
11	1 s	*Amerikanisch - leicht von oben* Im Schlachthof. Ein Metzger mit einer großen Schürze kommt auf die Kamera zu.	
12	1 s	*Groß - von unten* Die Hände	
13	1 s	*Totale - leicht von oben* Soldaten durchkämmen den Wald.	
14	1 s	*Nah - von oben* Der Hals des Rinds wird aufgeschlitzt.	
15	1 s	*Halbtotal - von oben* Die Soldaten, leicht von hinten, durch kahle Äste hindurch. Sie fangen an zu schießen.	
16	2 s	*Nah - von oben* (wie 14) Blut fließt aus dem aufgeschlitzten Hals.	
17	1 s	*Halbnah - leicht von oben* Der Kopf des Rinds wird nach hinten gedreht; noch einmal wird ein Messer in den Hals gerammt.	
18	1,5 s	*Halbtotal - von oben* (wie 15) Vorrückende Soldaten; sie schießen.	
19	1,5 s	*Total - leicht von oben* Die Soldaten knien in Formation und schießen.	
20	1,5 s	*Total - leicht von unten* Die Fliehenden überrennen einen Zaun.	
21	1,5 s	*Total - leicht von oben* Die Arbeiter hetzen die Böschung zum	

		nahen Fluß hinunter; seitlich zur Kamera	
22	1,5 s	*Total* Die Arbeiter laufen, von der Kamera weg, die Flußböschung hinunter.	
23	1 s	*Halbtotal* Niederkniende Soldaten. Sie laden durch und schießen.	
24	0,5 s	*Total* (wie 22)	
25	1 s	*Titel* "Zerschlagung"	"Der Streik ist liquidiert."
26	1 s	*Halbtotal* Hinter Büschen kommen Soldaten herauf.	
27	2 s	*Total* (wie 22) Im Hintergrund die fliehenden Arbeiter. Vorne kreuzen die in Reihe marschierenden Soldaten das Bild.	
28	1 s	*Halbtotal - leicht von oben* (wie 3) Männer und Frauen fliehen den Abhang hinunter.	
29	1 s	*Nah - von oben* (wie 14) Der Hals des Rindes wird weiter aufgeschlitzt, Blut fließt heraus.	
30	1 s	*Amerikanisch - leicht von oben* Die zuckenden Beine des Rindes.	
31	3 s	*Groß - leicht von oben* Die Hand des Metzgers schlitzt alle Adern im Hals auf; Blut strömt.	
32	1,5 s	*Total - leicht von oben* Die niedergemetzelten Arbeiter und Arbeiterinnen.	
	2 s	*Überblendung* auf...	
33	1 s	*Amerikanisch - leicht von oben* ...die Beine der in Reih und Glied marschierenden Soldaten.	
34	10,5 s	*Total - leicht von oben* *Schwenk* über die niedergemetzelten Arbeiter	
	0,5 s	Abblende	
35	0,5 s	*Ganz Groß* Zwei Augen schauen in die Kamera. Die Stirn legt sich in Falten. Ernst, entschlossen, mit Trauer.	
36	13 s	*Titel* Und als blutig unauslöschbare Narben blieben auf dem Körper des Proletariats	"Und als unvergeßliche Erinnerungen

		die Wunden von der Lenea, vom Talki-Pass, von Zlatoust, Jaroslavl', Caricyn und Kostroma	bedeckten blutende Wunden die Körper der Proletarier in den Industriebezirken Rußlands."
37	0,5 s	*Ganz Groß* Die beiden Augen schauen durchdringend in die Kamera.	
38	0,5 s	*Titel* Denkt daran	Die Musik betont jeden Titel.
39	0,5 s	*Titel* Proletarier	
40	1 s	*Titel* ENDE	
	1'21''		

6.b) "OKTJABR" ("OKTOBER" , 1927/28) - Sergej M. Eisenstein[7]

>Göttersequenz

Nr.	Dauer	Geschehen	Ton
1		*Titel* Im Namen Gottes und des Vaterlands	Musik mit leicht orientalischen
2	1 s	*Titel* Im Namen	Elementen
3	1 s	*Titel* Gottes	
4	2 s	*Total* Vier Zwiebeltürme mit Kreuzen in *Untersicht*	
5	3,5 s	*Groß* Eine barocke Jesus-Figur mit Strahlenkranz	
6	1 s	Total Die Zwiebeltürme in Untersicht mit *nach rechts geneigter Kamera*	
7	1 s	*Halbtotal* Die Zwiebeltürme in Untersicht mit *nach links geneigter Kamera*	
8	1 s	*Nah* Die Jesus-Figur	
9	2 s	*etwas näher als 6* Die Türme, *nach rechts geneigte Kamera*	
10	1 s	*Halbnah* ein Turm mit Kreuz,	

133

		leicht nach links geneigte Kamera	
11	3 s	*Groß* Mehrarmiger, indischer Gott	
12	2 s	*Nah* derselbe Gott	
13	0,5 s	*Nah* Mauern der Kirche und ein Teil einer Kuppel, *nach rechts geneigte Kamera*	
14	1 s	*Nah* (erscheint wie ein Spiegelbild von 12) Mauern der Kirche und ein Teil der Kuppel der Moschee am Kamennoostrovskij-Prospekt, *nach links geneigte Kamera*	
15	2 s	*Halbnah* Die Mauern und die Kuppel in *Untersicht*	
16	2 s	*Groß* Antlitz eines anderen indischen Gottes	
17	1 s	*Groß* Die Beine der sitzenden Figur aus 15	
18	2 s	*Nah* Die Gottheit aus 15 und 16 im Ganzen	
19	3 s	*Groß* eine andere schreckliche Maske (von Eisenstein nicht näher beschrieben)	
20	3 s	*Groß* dicker Buddha, in Aufsicht (nicht näher beschrieben)	musikalischer Akzent
21	2 s	*Groß bis Detail* bedrohlicher Schnabel einer der geringeren Gottheiten des nipponischen Olymps, die nach rechts blickt	
22	2 s	*Groß bis Detail* nach links blickende, ähnliche Gottheit (nicht näher beschrieben)	
23	2 s	*Groß* Maske der japanischen Göttin Ameratsu, frontal	
24	2 s	*Groß* Negergott von Joruba	
25	1 s	*Groß* (wie 22)	
26	2 s	*Groß bis Detail* (nicht näher beschriebene) Gottheit,	

		nach rechts geneigtes Gesicht	
27	1,5 s	*Groß bis Detail* dieselbe Gottheit mit nach links geneigtem Gesicht	
28	3 s	*Groß* dieselbe Gottheit, frontal	
29	2 s	*Groß* Gesicht einer Gottheit der Eskimo- Schamanen	
30	2 s	*Groß* herabbaumelnde, hölzernen Pfötchen der Gottheit der Eskimo-Schamanen	
31	2 s	*Nah* Zwei nebeneinander stehende Holzfiguren (nicht näher beschrieben)	
32	2 s	*Groß* Gesicht eines Giljaken-Klötzchen	
	1'05''		

7. "GREED" (1923) - Erich von Stroheim

> *Die Heirat von Trina und McTeague*

Nr.	Dauer	Geschehen	Ton
1	15 s	*Titel* Trina and Mac were married a month later in the photographer's rooms that Mac rented for their future home	Trina und Mac heirateten einen Monat später. Sie feierten in der Wohnung eines Fotografen, die Mac als ihr zukünftiges Zuhause gemietet hatte.
2	12 s	*Groß bis Nah* *Kreisblende* auf Ehering in Macs Hand *öffnet sich. Kamera fährt* *zurück* , so daß Mac mit ins Bild kommt.	Ruhige, leicht sentimentale Musik
3	1 s	*Raumtotale* Mac und ein älterer Mann warten in einem Raum.	
4	7 s	*Raumtotale* Im Heiratszimmer: im Hintergrund drei Grüppchen, im Vordergrund der Brautvater, der die Positionen für das Paar festlegt.	

5	5 s	*Halbtotal* Mac und der Mann im ersten Raum	
6	13 s	*Amerikanisch* Trinas Vater spricht mit ihrer Mutter hinter einem Vorhang und geht nach links aus dem Bild.	Fröhliche Musik setzt ein und dauert bis Nr. 19.
7	22 s	*Halbtotal* Er kommt von rechts ins Bild und spricht mit der Frau an der Orgel. Rechts steht ein Vierergrüppchen, u. a. mit Marcus, dem früheren Verehrer Trinas.	
8	8 s	*Halbtotal* (wie 5) Mac und der Mann bereiten sich vor.	
9	7 s	*Raumtotale* Im Heiratszimmer steht der Vater in der Mitte und geht dann auf die Kamera zu und knapp rechts an ihr vorbei. Im Hintergrund die Gäste und das Fenster.	
10	2 s	*Raumtotale* Der ältere Mann und Mac treten ins Heiratszimmer. *(von außen gesehen)*	
11	8 s	*Raumtotale (Gegenschuß zu 9)* Der ältere Mann und Mac betreten das Heiratszimmer vorsichtig. Die Kamera zeigt sie in *Aufsicht* aus der *Position über dem Fenster* . Rechts und links die Gäste.	
12	2 s	*Raumtotale* (wie 9) Mac und der Mann gehen in Richtung Fenster.	
13	18 s	*Raumtotale* (wie 11) Dem Mann und Mac werden die Plätze, wo sie stehen müssen, gezeigt.	
14	2 s	*Nah* Der Pfarrer nickt grüßend mit dem Kopf.	
15	1 s	*Nah* Mac in *leichter Kreisblende*	
16	1 s	*Raumtotale* (wie 9)	
17	2 s	*Halbnah* Die Frau an der Orgel	
18	2 s	*Halbnah*	

		Der Vorhang wird geschüttelt.	
19	5 s	*Halbnah* (wie 17) Sie stellt die Orgel noch kurz ein und fängt an zu spielen.	Orgel- Hochzeitsmarsch setzt ein, als sie beginnt zu spielen.
20	2 s	*Halbtotale des Heiratszimmers, dazu* *kommt Totale des Ankleideraums* Der Vorhang öffnet sich. Dahinter wird ein Bett und Trina im *Anschnitt* sichtbar.	
21	3 s	*Halbnah* (wie 17)	
22	11 s	*Totale des Ankleideraums,* *eingerahmt vom Vorhang* Ein Blumenkind, Trina und der Brautführer gehen in Richtung Kamera, die ganz *leicht* *mitschwenkt* bis ihre Köpfe nach oben aus dem Bild verschwinden.	
23	17 s	*Halbtotal (ähnliche Perspektive wie* *11)* Mac in *Aufsicht* in der Mitte des Raums, daneben Gäste. Trina geht hinter Mac her und stellt sich rechts neben ihn.	
24	0,5 s	*Nah* (wie 14) Der Pfarrer	
25	3 s	*Nah* (wie 15) Mac in *Kreisblende* sieht nach rechts	
26	2 s	*Nah* Trina in *leichter Kreisblende* erwidert den Blick nach links.	
27	2 s	*Nah* (wie 25)	
28	2 s	*Nah* (wie 14) Der Pfarrer hebt die Bibel hoch und liest.	
29	2 s	*Halbnah* Marcus in *leichter Kreisblende* mit grimmigem Gesichtsausdruck	
30	3 s	*Halbtotal* (wie 23) Die Gesellschaft	
31	4 s	*Nah* (wie 14) Der Pfarrer liest, blickt zum Himmel und auf Mac und Trina.	
32	2 s	*Nah* (wie 15) Mac	

33	1 s	*Nah* (wie 14)	
34	1 s	*Nah* (wie 26) Trina	
35	8 s	*Nah* (wie 14)	
36	2 s	*Nah* (wie 26)	
37	3 s	*Halbtotal* Die gesamte Gesellschaft von der Seite.	
38	6 s	*Nah* (wie 14) Der Pfarrer hebt die Hand mit einem Ring.	
39	2 s	*Halbtotal* (wie 37) Er gibt ihn Mac.	
40	1 s	*Nah* (wie 14)	
41	12 s	*Halbtotal* (wie 23) Mac steckt Trina den Ring auf. Die Mutter nestelt links von beiden nervös an ihrem Taschentuch.	
42	1 s	*Halbnah* (wie 29) Marcus	
43	5 s	*Halbtotal* (wie 23) Trina und Mac knien nieder.	
44	17 s	*Halbtotal* In *Aufsicht* knien Trina und Mac *von hinten gesehen* vor dem Pfarrer. Im Hintergrund , vor dem Fenster geht eine Prozession vor vielen Zuschauern auf der Straße. Ein Sarg taucht auf.	Aus dem Hochzeitsmarsch erwachsen bedrohlichere Töne.
	1 s	*Überblendung* auf...	Als der Sarg erscheint, wird ein Trauermarsch erkennbar.
45		*Totale*	
	8 s	...die Zuschauer. Von rechts kommen Sargträger mit einem Sarg ins Bild.	
	4 s	*Überblendung* auf...	
46	2 s	*Halbtotal* (wie 44) ...das Paar vor dem Pfarrer. Hinter dem Fenster geht die Prozession weiter. Der Pfarrer hebt die Hand zur Segnung.	
47	5 s	*Nah* Trinas Mutter weint.	Wieder sentimentale Musik.

48	3 s	*Halbnah* Die Blumenkinder kauen etwas.	
49	2 s	*Nah* (wie 47)	
50	4 s	*Halbnah* Ein Blumenkind schaut nach oben, zu Trinas Vater.	
51	2 s	*Halbnah* Er erwidert den Blick.	
52	2 s	*Halbnah* (wie 50) Das Kind blickt unruhig zum Pfarrer.	
53	4 s	*Nah* (wie 14) Der Pfarrer segnet.	
54	3 s	*Halbtotal* (wie 23) Trina und Mac reichen sich die Hände.	
55	3 s	*Groß* Marcus ballt hinter seinem Rücken eine Faust.	
56	2 s	*Nah* (wie 47) Trinas Mutter	
57	2 s	*Nah* (wie 14) Der Pfarrer nimmt die Hand herunter.	
58	5 s	*Halbtotal* (wie 37) Mac und Trina stehen auf. Der Pfarrer gibt ihnen die Hand.	
59	5 s	*Halbtotal* (wie 44) Das Paar vor dem Pfarrer. Im Hintergrund immer noch die Prozession.	Der Hochzeitsmarsch beginnt leicht schräg...
60	3 s	*Nah* Trina sieht Mac an, nimmt als Verlegenheitsgeste die Hand an den Mund.	
61	2 s	*Nah* Mac blickt Trina an.	... wird aber als normales Hochzeitsmarsch- Motiv weitergeführt
62	3 s	*Nah* (wie 60) Trina nimmt die Hand vom Mund und bemüht sich zu lächeln.	
63	27 s	*Halbtotal* Trinas Mutter gratuliert ihr. Dann folgen alle anderen. Mac sieht nur zu.	
64		*Raumtotale*	

	18 s	(wie 9) Die Gesellschaft. Ein Mann kommt hinzu.	
	3 s	*Abblende*	
	21 s		

	6'27''		

8. CITIZEN KANE (1941) - Orson Welles
> *Kane wird seinem Vormund übergeben.*

Nr.	Dauer	Geschehen	Ton
1	1 s	Halbnah Fahrt auf den Rücken des Journalisten zu. Er sitzt an einem Tisch und liest.	Querflöten- und Harfenmusik bis Einstellung 4
	0,5 s	*Überblendung* auf...	
2	0,5 s	*Heranfahrt* auf Schriftzug "Charles Foster Kane" über einem Brief	
3	8 s	*Fahrt* über die laut gelesene Briefzeile bis zu ihrem Ende	"Ich bin Mr. Kane zum ersten Mal 1871
	2 s	*Überblendung* auf..	begegnet."
4	4 s	*Total* ...Charles als Junge, der im Schnee mit einem Schlitten spielt und einen Schneeball wirft	Geigenmusik und Windgeräusche
5	2 s	*Halbnah* Schneeball trifft Schild "Mrs Kanes Boarding House"	Musik wird beendet Windgeräusche
6		*Halbtotal*	
	3 s	Charles wirft einen Schneeball in Richtung *Kamera* , die...	Charles ruft "Kommt her"
	10 s	*zurückweicht* und seine Mutter und Mr. Thatcher hinter einem Fenster stehend erkennen läßt	
		Halbtotale, Amerikanische und	Windgeräusche hören auf.
		Raumtotale in einer Einstellung Seine Mutter geht in Richtung	
	10 s	*Kamera*, die weiter *zurückweicht* , links tritt der Vater ins Bild.	
	1 min.	Die Mutter setzt sich an einen Schreibtisch, wobei die *Kamera anhält.* Beide Männer kommen zu ihr. Im Laufe des Gesprächs kommt der Vater etwas näher, was die Kamera mit einem	Gespräch darüber, daß die Bank Vormund von Charles wird. Der Vater bemängelt

	10 s	*kleinen Schwenk* begleitet Die *Kamera* nimmt den Vater durch eine *leichte Bewegung* aus dem Bild	immer wieder, daß er seinen Sohn nicht behalten darf.
	8 s	und *erhebt sich* mit Mrs Kane. Mrs Kane geht zum Fenster. Die Männer und die *Kamera folgen* ihr ein Stück. Im Hintergrund bleibt Charles während der ganzen Sequenz durch	Charles Rufe beim Spiel sind teilweise zu hören. Er ruft z. B. "Feuer" und fällt
	1'41"	das Fenster sichtbar.	daraufhin um.
7		*Nah*	
	21,5 s	Mrs. Kane am Fenster von außen gesehen, im Hintergrund Mr. Thatcher und Mr. Kane *Von Halbtotal bis Nah*	Charles Rufe. Mrs. Kane ruft Charles. Oboe setzt ein, getragene Töne
	17 s	Mrs. Kane geht nach links und wird von der Wand verdeckt. Die *Kamera schwenkt und fährt* und nimmt alle drei vor dem Haus wieder auf. Charles kommt mit seinem Schlitten ins Bild. Die *Kamera hält an.*	sind zu hören bis Charles Mr. Thatcher bemerkt. Dann leise Wind- geräusche.
	59 s	Alle drei reden mit Charles. Charles geht mit dem Schlitten auf Mr. Thatcher los.	
	8,5 s	*Kamera schwenkt leicht mit.*	
	4 s	*Kamera fährt* an die Gruppe der	
	1'50"	Personen *heran.*	
8	5 s	*Groß* Das Gesicht von Charles Mutter *Schwenk* nach unten auf Charles Gesicht	
	1 s	*Überblendung* auf...	Geigenmusik setzt ein
9	10 s	*Halbnah* ...Schlitten, der mit Hilfe einer *Überblendung* zugeschneit wird.	Windgeräusche
	1 s	*Überlendung* auf...	*überblendet* in
10	8 s	*Detail* ...Geschenkpapier wird abgerissen, dahinter kommen *nah* der ausgepackte Schlitten und Charles' Gesicht zum Vorschein. *Schwenk* nach oben auf Mr. Thatcher in *Untersicht*	Weihnachtsglocken Mr. Thatcher: "Charles, Frohe Weihnachten"
11	1,5 s	Halbnah Charles, in Untersicht, kommt von unten ins Bild und guckt nach oben	Charles: "Frohe Weihnachten"

12	27 s	Nah Mr. Thatcher ist gealtert. Er diktiert einen Brief, geht in ein Zimmer hinein. *Die Kamera weicht zurück.*	Mr. Thatcher: "Und ein Frohes Neues Jahr"
	4'59''		

9. "LA TERRA TREMA" ("DIE ERDE BEBT" , 1948) - Luchino Visconti

> *Ntoni heuert an und wird verhöhnt.*

Nr.	Dauer	Geschehen	Ton
1	18 s	*Halbtotale* Der Eingang des Büros der Großhandler. Ntoni und seine Brüder kommen ins Bild und gehen hinein.	Die Kommentare der Umstehenden.
2	8 s	*Amerikanisch* Ntoni und beide Brüder betreten den Raum und werden von Lorenzo begleitet und ausgelacht.	Gelächter
	13 s 21 s	*Schwenk* zum Schreibtisch, vor dem sie stehenbleiben.	Der Großhändler fragt, ob sie sich einschreiben wollen.
3	5 s	*Halbnah* Ntoni und seine Brüder	Die Antwort: Ja
4	3 s	*Halbnah* Der Großhändler an seinem Schreibtisch, rechts von ihm Lorenzo, links Ntoni im *Anschnitt.* Zum ersten Mal wird der Schriftzug "Mussolini" sichtbar.	Der Großhändler fragt, ob die Brüder auch arbeiten wollen.
5	7 s	*Halbnah* (wie 3)	Ntoni nennt die Namen seiner Brüder
6	13 s	*Nah* Der Großhändler unter einem verblaßten Mussolini-Schriftzug.	Er macht sich über Ntoni lustig, da er und seine Brüder
7	10 s	*Nah* Ntoni. *Schwenk* auf Alfio, seinen jüngsten Bruder an seiner Seite	aussähen wie eine Henne mit ihren Küken. Ntoni antwortet, sie wissen das.
8	12 s	*Nah* Der Großhändler in *leichter*	Er bietet einen Arbeitsplatz an.

		Untersicht	
9	13 s	*Halbnah* Lorenzo setzt sich auf einen Tisch und blickt Ntoni an, der rechts an ihm vorbeigeht und sich umdreht.	Lorenzo fragt, ob Ntoni nicht eigentlich lieber verhungern wollte, anstatt wieder hier zu arbeiten.
10	1 s	*Nah* Lorenzo blickt plötzlich ernst.	
11	6 s	*Halbnah* Ntoni blickt Lorenzo an, neben ihm sein Bruder Vanni	
12	25 s	*Halbnah* Der Schreibtisch von hinten. Ntoni unterschreibt in *leichter Untersicht*, links im Anschnitt der Sekretär.	Sie sprechen über den einen Anteil, der Ntoni zusteht.
13	10 s	*Amerikanisch* Der Schreibtisch in *Aufsicht* von vorne. Ntoni schreibt, dreht sich dann um und geht in eine *Halbnahe*.	
	24 s	*Schwenk* mit Ntoni zum Ausgang, wo er stehenbleibt und sich umschaut.	
	12 s	*Kamera weicht leicht zurück.* Lorenzo kommt von links ins Bild und geht nach rechts zu einem Fischer in eine *Halbnahe*.	Lorenzo lacht den Fischer aus.
	5 s	Der *Schwenk* geht weiter und der Großhändler kommt hinzu und verhöhnt den Fischer mit einem Stück Brot.	Der Großhändler verhöhnt.
	16 s	Ein Großhändler geht zu einem Schrank und bleibt in der *Nahen* stehen.	Er sagt: Keiner soll Hunger leiden.
	5 s ————— 1'10''	*Schwenk* an dem verblaßten Mussolini-Schriftzug vorbei zu einem anderen lachenden Mann.	
	————— 3'34''		

10. PSYCHO (1960) - Alfred Hitchcock			
> *Duschmord*			
Nr.	Dauer	Geschehen	Ton
1	8 s	*Nah* Marion schließt die Badezimmertür	

143

		und legt den Bademantel ab. Ein *leichter Schwenk* begleitet sie.	
2	4 s	*Nah* Ihre Füße, die in die Badewanne steigen in Aufsicht, der Duschvorhang wird zugezogen. *Leichter Schwenk*	
3	1 s	*Nah* Marion schemenhaft hinter dem Duschvorhang, sie bückt sich	
4	9 s	*Nah* Nur Marions Gesicht und Schultern sind sichtbar. Sie nimmt die Seife und stellt das Wasser an. Die Kamera befindet sich unter dem Duschkopf, der oben im *Anschnitt* sichtbar wird.	Leises Wasserrauschen beginnt.
5	1 s	*Nah* Der Duschkopf. Das Wasser strömt direkt in Richtung Kamera. Marions *point of view*	
6	1 s	*Nah* (wie 4) Marion, *frontal zur Kamera,* seift sich ein und lächelt.	
7	4 s	*Nah* Marion von der Seite, wie man sie ungefähr von der Mitte des Badezimmers aus sehen würde.	
8	6 s	*Nah* (etwas näher als 7) Marion duscht.	
9	1 s	*Nah* Der Duschkopf von der Seite	
10	1 s	*Nah* Marion von der anderen Seite, wo eigentlich die Badezimmerwand wäre, in *leichte Aufsicht*	
11	9 s 6 s 1 s _____ 16 s	*Halbnah* Marion duscht. Links hinter ihr geht die Tür auf und eine Person kommt näher. *Leichter Schwenk und Heranfahrt* auf die Tür nehmen sie aus dem Bild. Der Vorhang wird aufgerissen. Eine Person im *Gegenlicht* hebt ein Messer.	Die Musik setzt ein.
12	0,5 s	*Nah*	Zur Musik kommen

		Marion dreht sich um und schreit.	Marions Schreie.
13	0,5 s	*Groß* Marions schreiendes Gesicht.	
14	0,5 s	*Detail* Ihr schreiender Mund.	
15	1 s	*Nah* Die Person hebt das Messer in *Untersicht und Gegenlicht.*	
16	0,5 s	*Nah* Marion sinkt ein wenig nieder.	Musik, Marions Schreie und
17	0,5 s	*Nah* Die zustechende Person	Geräusche, die durch das Zustechen
18	9 Einzel- bilder	*Nah* Ein Stück von Marions Arm und dem der Person	entstehen.
19	0,75 s	Nah Marion versucht den Arm mit dem Messer abzuwehren. *Extreme Aufsicht*	
20	1 s	*Groß* (wie 13)	
21	1 s	*Nah* (wie19) *unscharf*	
22	1 s	*Groß* (wie 13)	
23	0,75 s	*Nah* (wie 21)	
24	0,5 s	*Nah* (etwas näher als 17) Die zustechende Person	
25	0,5 s	*Nah* (wie 12) Marion verschwindet nach links aus dem Bild.	
26	0,5 s	*Nah* (etwas näher als 26) Die zustechende Person	Marions Schreie werden langsam
27	0,5 s	*Groß* (wie 13)	weniger, sie beginnt erschöpft zu stöhnen.
28	0,5 s	*Groß* Die Person sticht wieder zu. *Untersicht* und *Unschärfe* durch das fließende Wasser hindurch	
29	0,5 s	*Groß* (wie 13)	
30	8 Einzel- bilder	*Groß* (wie 28)	
31	0,5 s	*Groß* (wie 13)	
32	7 Einzel-	*Groß*	

	bilder	(wie28) Die Person sticht in Richtung Kamera	
33	7 Einzel-bilder	*Groß* Marions Bauch. Das Messer kommt ins Bild.	
34	9 Einzel-bilder	*Groß* (wie 13)	
35	10 Einzel-bilder	*Groß* Das zustechende Messer in *Untersicht*	
36	9 Einzel-bilder	*Groß* Marions Körper von der Seite. Der Arm mit dem Messer nähert sich.	
37	0,5 s	*Groß* (wie 13)	
38	1 s	*Nah* Marions Beine in der Wanne, in der sich Wasser mit Blut mischt. *Aufsicht.*	
39	0,5 s	*Groß* (wie 13)	
40	0,5 s	*Nah* (wie12) Der Arm mit dem Messer kommt wieder ins Bild.	
41	0,75 s	*Nah* (wie 38)	
42	0,5 s	*Groß* Marions ringende Hand. *Leicht unscharf.*	Die "stechende" Musik wird langsam durch dunklere Töne abgelöst.
43	1 s	*Groß* Ein Teil ihres Kopfes und ihrer Hand von hinten.	
44	1 s	*Halbnah* Die Person verläßt den Raum	
45	5 s	*Groß* Marions Hand an den Fliesen versucht zu greifen und sinkt langsam herab.	Die Musik hört auf. Wasserrauschen
46	18 s	*Nah bis Halbnah* Marion sinkt langsam an den Fliesen herab und hebt ihren rechten Arm. *Kamera schwenkt mit und weicht* am Schluß der Einstellung mit Ihrer Hand leicht *zurück.*	
47	6 s	*Groß* Ihre Hand ergreift langsam den Duschvorhang.	

48	0,75 s	*Halbnah* Marion hockt in der Wanne. *Extreme Aufsicht.*	
49	1 s	*Nah* Die Befestigung des Duschvorhangs reißt ab. *Untersicht.*	Geräusche des abreißenden Duschvorhangs und
50	1 s	*Nah* Marion fällt mit dem Duschvorhang vor der Toilette zu Boden.	der hinfallenden Marion.
51	1 s	*Nah* (wie 5)	
52		*Nah bis Halbnah* Blut fließt unter Marions Füßen her	Das Gluckern des
	11 s	zum Abfluß. *Schwenk* zum Abfluß.	Abflusses
	5 s	*Zoom* auf den Abfluß	
	<u>3 s</u>	*Überblendung* auf...	
	19 s		
53	27 s	*Detail bis Nah* ...Marions rechtes Auge. *Kamera rollt* in aufrechte Position, *fährt* weg und bleibt in *Nah-Einstellung.*	
54	1 s	*Nah* Der Duschkopf von der Seite in *leichter Untersicht.*	
55		*Nah bis Total*	
	14 s	*Schwenk und Fahrt* von Marions Gesicht auf das Geld.	Das Wasserrauschen wird leiser.
	17 s	*Kamera verharrt kurz, schwenkt* dann aus dem Fenster heraus und bleibt auf dem Privathaus der Bates	Norman schreit seine Mutter an und fragt,
	<u>31 s</u>	stehen.	wo das Blut herkomme.
	<u>3'12'</u>		

11. "L'ECLIPSE" ("LIEBE 1962", 1962) - Michelangelo Antonioni			
Nr.	Dauer	Geschehen	Ton
1		*Nah*	
	7 s	Eine Lampe, daneben Buchrücken	
	3 s	*Schwenk* nach rechts auf Riccardo,	
	<u>17 s</u>	der einen Arm auf die Bücher legt.	
	27 s		
2	11 s	*Nah* Vittoria, *in Untersicht*, blickt nach	

		unten.	
3	10 s	*Nah* Ein leerer Bilderrahmen, dahinter ein voller Aschenbecher und eine kleine Skulptur. Vittoria nimmt den Aschenbecher weg und rückt die Skulptur in der Mittelpunkt.	
4	6 s	*Nah* (wie 2)	
5	8 s	*Nah* Vittorias Hände am Rahmen, von der anderen Seite (Hinterseite des Rahmens) gesehen	
6	5 s	*Nah* Riccardo bei den Büchern	
7	12 s	*Nah* *Schwenk* aus der Position von Nr. 2 auf Vittorias Gesicht in Untersicht. Sie blickt auf.	
8	2 s	*Nah* Ein Landschaftsbild.	
9	7 s	*Nah* Riccardo. Die *Kamera weicht* ein wenig *zurück*.	
10	11 s	*Nah* Vittorias Beine. Unter einem Tisch spiegeln sie sich auf dem Boden.	
11	9 s	*Halbtotal* Vittoria steht im Raum, geht dann zum Fenster und kniet sich auf das Sofa davor. Rechts *im Anschnitt* Riccardo	
12	13 s	*Nah* Vittoria öffnet den Vorhang ein Stück, um herauszusehen. Bäume und Büsche werden sichtbar. Sie verschwindet nach unten aus dem Bild.	
13	16 s	*Halbnah* Vittoria legt sich aufs Sofa, setzt sich dann wieder hin und bleibt in einer *Nahaufnahme* sitzen. *Leichter Schwenk* mit ihrer Bewegung nach rechts.	
14	7 s	*Halbtotal* Riccardo sitzt noch am Schreibtisch. Vittoria kommt von links ins Bild	Vittoria: "Also Riccardo" Riccardo: "Also

		und ist von hinten zu sehen.	was?"
15	6 s	*Halbtotal* Vittoria von vorne in *leichter* *Untersicht.* Sie kommt auf die Kamera zu und bleibt in einer *Amerikanischen* stehen. *Leichter Schwenk.*	
16	9 s 1 s 7 s 17 s	*Amerikanische* Riccardo auf dem Stuhl *in Aufsicht.* Vittoria kommt von rechts ins Bild und nähert sich ihm, ebenso die *Kamera*, die in einer *Nahen stehenbleibt.* Vittoria rechts *im Anschnitt,* links die Schreibtischlampe.	Gespräch über die Entscheidung von letzter Nacht
17	29 s	*Halbtotale* Riccardo auf dem Stuhl von hinten. Vittoria geht auf die Kamera zu und bleibt stehen. *Kamera schwenkt mit.* Ihr Gesicht ist im Dunkeln. Sie geht wieder zurück, an ihm vorbei. Er steht auf. Sie verläßt das Bild nach rechts.	Sie will gehen. Er fragt, ob sie Besorgungen zu machen hätte.
18	16 s	*Nah* Vittoria, von rechts kommend, geht in die Küche. Sie geht zurück nach rechts aus dem Bild in den Wohnraum, wo Riccardo neben einer Stehlampe sitzt.	leichtes Geschirr- Klirren
19	7 s	*Nah* Vittoria, am Türrahmen lehnend.	
20	9 s	*Halbnah* Sie geht in den Raum hinein auf Riccardo zu. *Kamera* sieht ihr in *Aufsicht* über den Kopf und *fährt mit.*	
21	5 s	*Halbnah* Der *Gegenschuß* direkt *auf der* *Blickachse* über Riccardos Kopf hinweg.	
22	16 s	*Halbnah* (wie der Schluß von 20) Vittoria *weicht* nach rechts hinten *zurück*, mit ihr die *Kamera*. Riccardo blickt jetzt ins Leere.	
23		*Halbnah* Vittoria *weicht* weiter *zurück,* ebenso die *Kamera.*	

	10 s	Riccardo wird rechts beinahe aus dem Bild genommen. Links erscheint Vittoria in einem Spiegel. Die	
	12 s	*Kamera steht.* Sie erschrickt und fängt sich wieder, währenddessen schwenkt die Kamera	Ihr Schluchzen
	_5 s_	ganz auf sie und ihr Spiegelbild	
	27 s		
24	4 s	*Halbtotal* Vittoria durchquert den Raum von rechts nach links. Links im Sessel sitzt Riccardo im *Anschnitt.* Er bewegt sich.	
25	30 s	*Nah* Der Vorhang wird geöffnet. Der pilzförmige Turm wird sichtbar. Vittoria kommt von rechts, kurz danach Riccardo von links ins Bild.	Riccardo nähert sich nochmals, aber
26	6 s	*Nah* Riccardo geht vorwärts. Die *Kamera weicht zurück.* Im Hintergrund das Fenster, dahinter ein Zaun, eine Wiese und ein Baum, davor ein Tisch mit Flaschen.	sie wehrt ab. Er fragt, was er tun soll und will alles so tun wie sie es will.
27	6 s	*Nah* Vittoria in *Untersicht,* an den rechten Bildrand gedrängt.	Er fragt nach einer Beschäftigung für die Zeit, wenn er weg ist.
28	3 s	*Nah* (wie Schluß von 26)	R.: "Ich wollte dich glücklich machen"
29	6 s	*Nah* (wie 27)	Vittoria war glücklich, als beide sich begegneten.
30	10 s	*Nah* (wie 28)	
31	21 s	*Halbtotal* Vittoria an der Tür. Riccardo vor ihr,	
	6 s	von hinten gesehen. Er geht nach rechts aus dem Bild.	Eine Tür wird geschlossen.
	15 s	Die *Kamera bleibt* auf Vittoria gerichtet. Sie bewegt sich gegen	
	_42 s_	Ende der Einstellung leicht vorwärts.	
32	8 s	Nah Ein Stapel Bücher und ein Objekt auf einem Tisch in *Aufsicht.*	
33	27 s	*Nah*	

		Ein Türrahmen. Vittoria kommt von rechts ins Bild und geht durch ihn hindurch. Die *Kamera folgt* ihr. Sie öffnet die Badezimmertür, hinter der Riccardo sich rasiert. Riccardo verläßt den Raum nach rechts. Vittoria dreht sich um.	Geräusche des elektrischen Rasierers V.: "Hör zu"
34	23 s	*Nah* Ein Schreibtisch in *Aufsicht.* Vittoria kommt von links hinzu, nimmt Papiere herunter und geht zu Riccardo *(Schwenk)*, der ihr in einer *Amerikanischen* den Rücken zuwendet.	Sie spricht über ihre Übersetzung, eine Arbeit, die sie nicht mehr für ihn machen kann.
35	11 s	*Nah* Vittoria in *Untersicht.* Im Hintergrund Bilder an der Wand.	Sie kann ihm eine Nachfolgerin für die Übersetzungen besorgen.
36	11 s	Vittoria *nah* und Riccardo *amerikanisch* (wie Schluß von 34) Er dreht sich um.	R.: "Das war es, was du mir sagen wolltest?"
37	13 s	Halbtotal Vittoria geht auf die Kamera zu, links an ihr vorbei. *Kamera schwenkt* mit. Riccardo folgt ihr. Beide bleiben in einer *Halbnahen* stehen.	Vittoria will gehen, doch Riccardo versucht sie noch einmal aufzuhalten.
38	4 s	*Halbnah* Vittoria in einem Spiegel auf den sie zugeht. *Kamera schwenkt* auf sie selbst.	Gespräch über die Dinge, die beide noch nicht ausgesprochen haben.
39	9 s	*Nah* (wie Schluß von 37) Vittoria von hinten. Riccardo nähert sich ihr.	
40	11 s	*Nah* Beide. Vittoria von vorne, Riccardo von der Seite. Sie verläßt das Bild nach rechts. *Leichte Fahrt* um beide herum, während der ganzen Einstellung.	Er fragt, ob sie ihn nicht mehr liebt oder ob sie ihn nur nicht mehr heiraten will.
41	6 s	*Nah* (nicht so nah wie 40) Riccardo von hinten, blickt Vittoria an.	V.: "Ich weiß es nicht."
42	6 s	*Nah* Vittoria von hinten. Riccardo kommt *over-shoulder* hinzu.	R.: "Wann bist du dir klargeworden, daß du mich nicht mehr liebst?"

43	8 s	*Nah* *Gegenschuß over-shoulder* zu Nr. 42	V.:"Ich weiß es nicht." R.: "Bist du dir sicher" V.: "Ja."
44	3 s	*Nah* (wie 42)	R.:" Bist du
45	20 s	*Nah* Vittoria neben dem Lampenschirm, von hinten. Sie dreht sich um und geht auf die Kamera zu in eine *Großaufnahme*. Riccardo kommt von rechts hinzu, weswegen die Kamera nach links *schwenkt*. Dadurch kommt Riccardo von links ins Bild.	Vittoria über ihr Glück.
46	20 s	*Amerikanisch* Beide an der Lampe. Die *Kamera* *weicht etwas zurück*, da Vittoria nach rechts weggeht und Riccardo auf die Kamera zugeht. Riccardo zerbricht etwas. Vittoria kommt von rechts wieder hinzu. *Schwenk* auf den Boden und die Scherben.	Klirren. R.:"Du hast jemanden, der dich erwartet." Vittoria widerspricht.
47	2 s	*Groß* Riccardo blickt wütend.	
48	37 s	*Halbtotal* Vittoria geht in Richtung Kamera an Riccardo vorbei, nimmt Tasche und Jacke in einer Nahen. Die *Kamera* *schwenkt mit ihrer Bewegung*. Riccardo kommt ihr nach, aber sie verläßt das Bild nach rechts.	Er fragt, ob er sie anrufen darf. Sie verneint.
49	8 s	*Nah* Die Wohnungstür öffnet sich. Sie geht, von links kommend, rückwärts, mit dem Gesicht zum Raum hinaus.	
50	5 s	*Amerikanisch* Riccardo lehnt an einen Tisch, umgeben von Kunstwerken. Zunächst blickt er auf den Boden. Nachdem die Tür ins Schloß gefallen ist, blickt er auf.	Eine Tür wird geschlossen.
51	5 s	*Halbtotal* Vittoria geht aus dem Haus.	
	10'24''		

12. "À BOUT DE SOUFFLE" ("AUßER ATEM", 1959) - Jean-Luc Godard

> *Michel erschießt einen Polizisten.*

Nr.	Dauer	Geschehen	Ton
1	12 s	*Halbnah* Michel steigt ins Auto, redet mit einer Frau und setzt zurück	Sie möchte von Michel mitgenommen werden
	7 s 19 s	*Überblendung*	Musik setzt für die Dauer der Blende ein
2	15 s	*Halbtotal* Blick auf Landstraße aus der Windschutzscheibe eines fahrenden Autos	Michel singt, beginnt Selbstgespräch
3	4 s	*Nah* Michel, wie man ihn vom Rücksitz aus sieht, dreht sich um	Michel redet über den Fahrer hinter ihm...
4	0,9 s	*Halbtotal* Blick aus dem Auto auf zwei Pkw, (wie 2)	...und singt weiter bis 9
5	1 s	*Halbtotal* (wie 2), Lkw wird überholt	
6	1 s	*Halbtotal* (wie 2), Pkw wird überholt	
7	1 s	*Halbtotal* (wie 2), anderer Pkw wird überholt	
8	3 s	*Nah* Michel, wie man ihn vom Beifahrersitz aus sieht	Jazz-Musik
9	12 s	*Halbtotal* (wie 2) Pkw und Lkw werden überholt.	Hupen eines Autos beendet Musik aus 8 Michel redet über Geld und Patricia und deutet Reisepläne an
10	6 s	*Halbtotal* Michels Auto fährt von links nach rechts hupend über die Landstraße.	Hupe
11	9 s	*Nah* (wie 3) Michel raucht und greift zum Radio.	Michel redet und summt, Gesang aus dem Radio setzt kurz

			ein.
12	6 s	*Halbtotal* vorbeiziehende Landschaft aus rechtem Seitenfenster gesehen	Musik setzt ein. Michel sagt, er liebe Frankreich
13	14 s	*Nah* Michel (wie 8) blickt in Kamera, spricht sie an	Er fragt den Zuschauer, ob der das Meer, usw. liebt Querflötenmusik
14	9 s	*Nah, Halbtotal* (wie 13), *Schwenk* zu Position wie 3, rechts an Straßenrand tauchen zwei Mädchen auf.	Michel spricht über die Mädchen am Straßenrand Musik geht über in Jazz-Thema (wie 8) bis 30
15	2 s	*Nah* (wie 8)	Er redet über Mädchen...
16	9 s	Halbtotal bis Halbnah Blick aus langsam fahrendem Auto auf Mädchen, die Anhalterzeichen machen, *Schwenk* behält sie im Bild	...und über ihr Aussehen
17	9 s	*Nah* (wie 3) Michel raucht und greift in Richtung Radio.	Michel summt, kurz Gesang aus Radio und Jazz-Thema (wie 8)
18	2,5 s	*Nah* Michels Hand greift ins Handschuhfach und holt Pistole hervor.	
19	12 s	*Nah* (wie 18) Er nimmt Pistole mit ans Lenkrad (Blick auf Michel wie in 2) und zielt auf Spiegel und andere Autos.	Er ahmt Schuß- geräusche nach
20	5 s	*Nah* (wie 3) Michel zielt aus dem rechten Seitenfenster hinaus, *Schwenk* seine Hand begleitend	
21	3 s	*Nah* vorbeiziehende Bäume, aus rechtem Seitenfenster hinaus, dahinter die Sonne	hallende Schußgeräusche

22	23 s	*Halbnah* Michel, von hinten gesehen, fährt an Straßenarbeiten vorbei	Michel spricht über Frauen am Steuer,...
23	1 s	*Halbnah* Kühlergrill eines fahrenden Autos, das die Mittellinie der Straße überquert	...flucht...
24	2 s	*Halbtotal* (wie 22) Lkw wird überholt, am rechten Straßenrand, kaum erkennbar, Polizisten	...und spricht von weißen Mäusen.
25	2 s	*Halbtotal* Michels Auto fährt von rechts nach links durchs Bild am Lkw vorbei, Kamera *schwenkt* mit	
26	3 s	*Nah bis Halbtotal* *Schwenk* von Michels Rücken auf hinter ihm auftauchende Polizeimotorräder	Musik wird dramatischer
27	3 s	*Halbtotal bis Nah* *Schwenk* von Polizisten auf Michels Rücken	
28	1,5 s	*Halbtotal* Zwei Autos fahren von links nach rechts durchs Bild.	Motorengeräusche überdecken Musik
29	1,5 s	*Halbtotal* Die Polizeimotorräder fahren von rechts nach links durchs Bild.	Motorengeräusche
30	5 s	*Halbtotal* Michel biegt in einen Feldweg ein, hält an und guckt aus Beifahrerfenster.	ausklingende Musik
31	1 s	*Halbtotal* Polizist fährt von links nach rechts an Feldweg vorbei.	
32	5 s	*Amerikanisch* Michel öffnet Motorhaube.	Er spricht über das nicht anspringende Auto
33	1 s	*Halbtotal* Zweiter Polizist fährt von links nach rechts durchs Bild.	
34	4 s	*Amerikanisch* Michel blickt auf das Kabel in seiner Hand und dann zur Straße.	
35	3 s	*Halbtotal* Polizist biegt in Feldweg ein.	quietschende

			Bremsen
36	3 s	*Amerikanisch* Michel läuft vom Motor zur Beifahrertür, beugt sich durchs Fenster ins Auto.	
37	1 s	*Groß* *Schwenk* von Michels Hut über sein Profil zu seiner Brust	Polizist ruft "Stehenbleiben oder ich schieße"
38	1 s	*Groß* *Schwenk* entlang Michels Arm. Er spannt den Revolver.	Klicken des Revolvers
39	1 s	*Detail* *Schwenk* entlang der Trommel des Revolvers zum Lauf	
40	2 s	*Halbtotal* Polizist fällt ins Gebüsch.	ein Schuß
41	17 s	*Totale* Michel rennt über ein Feld. *Abblende*	dramatische Musik (wie in 26) setzt wieder ein
	3'53''		

[1]Laut Hinweis auf der ursprünglichen Videokassette handelt es sich hier um einen Auszug aus dem Film. (Auszug entnommen aus: Early Cinema. Primitives and Pioneers. Film + Video Library. British Film Institute. London.)

[2]Da alle Einstellungen in diesem Ausschnitt Totalen sind, weise ich hier nur einmal darauf hin.

[3]Die Beschreibungen der Bildinhalte und die Szenenfolge richten sich nach Solomon, S. J.: The Film Idea. a. a. O., S. 101 - 103. Die Einstellungen Nr. 4, 5 und 14 habe ich aus einer anderen Filmfassung eigenständig ergänzt, da sie in der ursprünglich vorliegenden Fassung nicht vorhanden waren.

[4]Auch in diesem Film handelt es sich, bis auf die Schlußeinstellung, um Totalen. Deswegen erwähne ich dies nur hier.

[5]vgl. Reisz, K.; Millar, G.: Geschichte und Technik der Filmmontage. a. a. O., S. 18

[6]Einstellungsgrößen und Szenenbeschreibungen aus: Eisenstein, S. M.: Schriften 1 / Streik. a. a. O., S. 182 - 184.

[7]Die Beschreibungen der Gottheiten richten sich nach den Angaben Eisensteins im Aufsatz "Die Geburt des intellektuellen Films" in: Eisenstein, S. M.: Schriften 3 / Oktober. a. a. O., S. 174. Die in diesem Aufsatz nicht näher beschriebenen Gottheiten habe ich mit einem entsprechenden Vermerk versehen.

www.ingramcontent.com/pod-product-compliance
Lightning Source LLC
Chambersburg PA
CBHW022322280326
41932CB00010B/1198